JN121585

大食軒酩酊の食文化

［第1集］

石毛直道

Naomichi Ishige

教育評論社

装丁・本文デザイン＝花村 広

大食軒酩酊の食文化

第1集

Ⅰ 春

1 羊羹の海苔巻……9
2 ウルシを食べる……13
3 花見のご馳走……17
4 サソリを食う……21
5 日本酒の海外進出……25
6 セビチェ……29
7 庖丁式……33
8 病院食のミシュランを……37

Ⅱ 夏

9 梅酒自慢……45
10 ジャガイモのソーセージ……49
11 象鼻杯……53
12 食事時間……57

13 モルディブ・フィッシュ……61
14 お子さまランチ……65
15 冷やし中華……69
16 ウクライナのサーロ……73

III 秋

17 豆腐ピザ……81
18 エスカルゴ……85
19 酒育談義……89
20 小鳥との共食……93
21 B-1グランプリ……97
22 最後の晩餐……101
23 本場のバイキング料理……105

IV 冬

24 サバのヘシコ……113

25 鯛焼きの甘酢あんかけ四川風……117
26 ナガランドのライスビール……121
27 せんべい談……125
28 イラン断酒旅行……129
29 歯茎で味わう……133
30 雑煮……137
初出一覧……141
あとがき……142

I
春
Spring

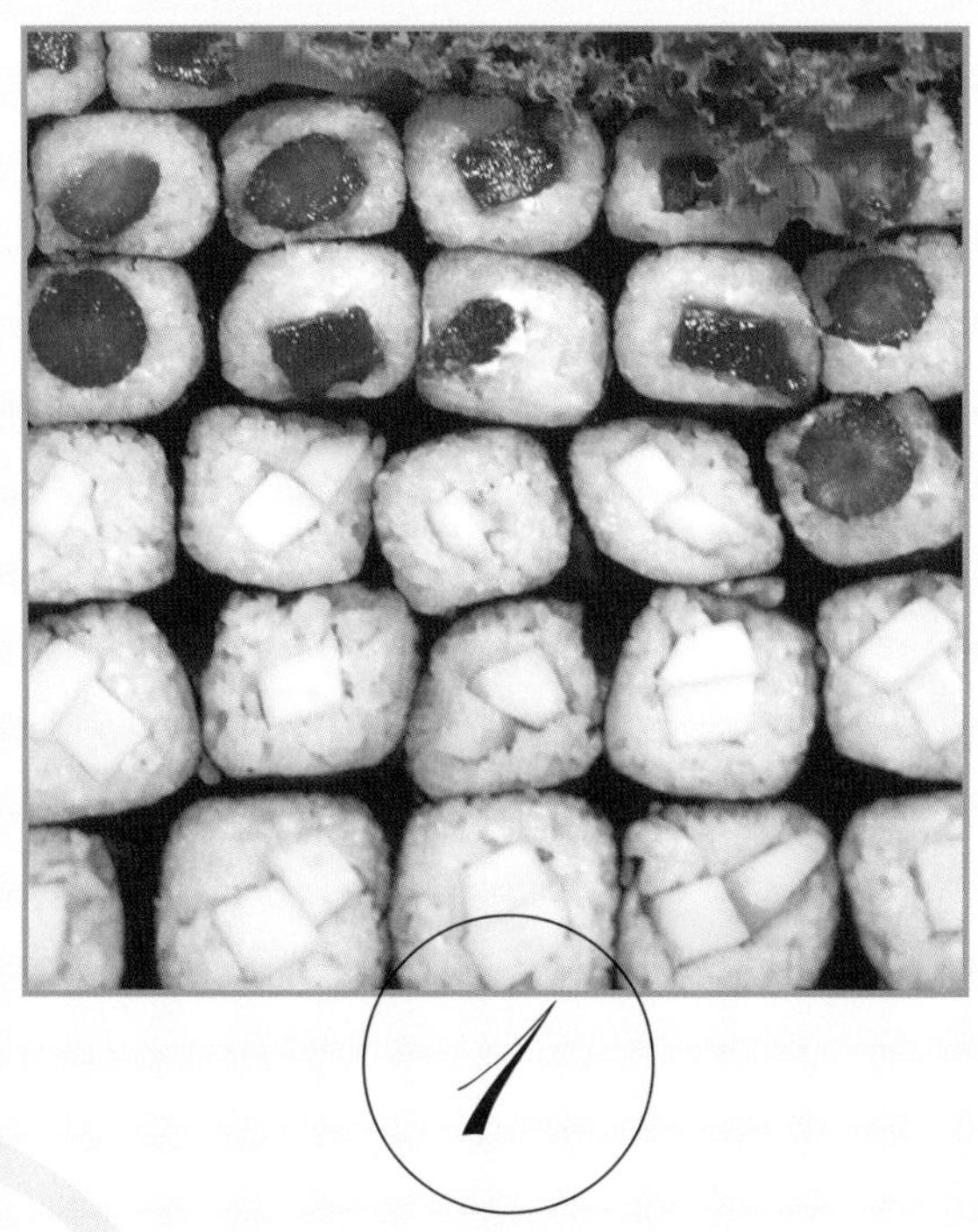

1
羊羹の海苔巻

まずは大食軒酩酊の由来から。

あたし、ネコなんです。

名前、まだないけど……。

(中略)

飼い主、臥猪庵斜栗（がちょあんしゃくり）っていうんです。号が珍勃亭居士（ちんぼっていこじ）。——変な名前。

名前からもわかるように、ちっとも二枚目じゃないんです。太った、中年のおっさん。

やってることもわからない。何かいろんなことを書いてるらしいんだけど……。

この飼い主のところに、しょっちゅうだべりにくるお客が二人いるんです。

一人は大食軒酩酊（たいしょくけんめいてい）って人。若いらしいんだけど。長い顎（あご）ひげを胸までたらしていて、ひどく悠々（ゆうゆう）としている。名前のとおりとてもよく食べて、お酒もつよいみたい。

もう一人は、涼斎海月（りょうさいかいげつ）って人。名前が涼しそうだけど、色が白くって、ハンサムで、でもちょっと気が弱いみたい。

二人とも、飼い主とちがって、ちゃんとした人類学者なんです。世界中、いろんなことしらべて歩いていているらしい。

前頁写真は、羊羹巻きやマンゴー巻きなどのスシ(筆者撮影)

『人間博物館「性と食」の民族学』という本の冒頭の文章である（一九七七年・光文社刊、一九八六年・文春文庫に再録）。斜栗先生の家で、酒を飲みながら気炎をあげる三人の話を、猫が書きとめたという、『吾輩は猫である』のスタイルで、世界の食と性を論じた本である。涼斎海月は米山俊直さん、珍勃亭斜栗は、いわずと知れた小松左京さんで、私が大食軒酩酊である。小松さんは斜栗先生と猫の二役をこなし、共同討議の記録をユーモラスに編集、執筆している。

海月　（略）キリスト教に、「七つの大罪」というのがある。これも、「殺人」「虚偽」「淫乱」のほかに、「嫉妬」、「傲慢」、「怠惰」それに「大食」なんてはいってる。
酩酊　「殺人」以外みんなやってるなあ（笑）。
斜栗　大食軒の「大食」の罪は、それひとつで七つ分ぐらいある（笑）。

といった具合の談話形式で、世界の性と食を人類学的に論じたのである。

大食軒酩酊の軒号に恥じないように、世界各地で飲み食いをしていると、奇妙な食べ物に出会うことがある。昨年、ブラジリアで食べた新種のスシを紹介しよう。

アメリカの日本食店で、スシと焼き肉がメニューに並んでいるのを見て、「正しい日本食」の普及のために、海外の日本食レストランの認定制度をもうけることを提唱した大臣がいた。

しかし、ブラジルの国民料理であるシュラスコという肉の串焼きを食べさせるレストランで、スシをつまむことは普通のことである。シュラスカリアというビュッフェ形式のシュラスコ専門店にスシ・コーナーが進出しているのである。

ブラジリアのシュラスカリアで、サトウキビを原料とした蒸留酒であるピンガを飲みながら、焼き肉を食べていたときのことである。

スシ・コーナーには、サケの握りズシやカリフォルニアロールのほかに、見なれないスシが置いてあった。マンゴーの果肉を芯に巻いた海苔巻き、羊羹を芯にした海苔巻き、カニ蒲鉾のマヨネーズあえを芯にした海苔巻きに薄い衣をつけて揚げた天ぷらズシである。

ブラジル人のスシ職人のつくるマンゴー巻き、羊羹巻き、天ぷらズシ……、いずれも日本のスシ職人仲間からは邪道といわれそうなスシである。日本人の美学からすると、焼き肉の匂いとスシはミスマッチである。

しかし、食べるのはブラジル人である。商品としての食べ物が、食べる側の文化にあわせて変形するのは当然のことである。異文化にあわせて変形した日本食を「正しくない」と非難することができるだろうか。むしろ、日本発の食文化が、伝統にとらわれずに進化していると、積極的に評価したほうがよさそうである。

2 ウルシを食べる

昨年十一月、酩酊先生は韓国の全羅北道淳昌郡（チョルラプクトスンチャン）にお出かけになった。淳昌の街はトウガラシ味噌であるコチュジャンの名産地であり、淳昌郡と済州島（チェジュ）は韓国での長寿者のおおい地域として知られている。

ソウル大学と淳昌郡の共催する「長寿と健康に民族食のはたす役割」という国際シンポジウムに出席したのである。シンポジウム終了後のエクスカーション（体験型見学会）で、淳昌郡の山村に住む一〇七歳の老婆の家を訪問した。

農家の庭先で、白髪のおばあさんが豆のさやとりをしていた。長生きの秘訣は、二〇〇ミリリットルの焼酎の小瓶を毎日二本あけることだという。年甲斐もなく大酒を飲んでは、保護者にお叱りをうける酩酊先生にとっては、すてきな話であった。これで年寄りの冷や酒を飲み続ける口実ができたと、よろこんだことであった。

帰路のバスのなかで、旧知のソウル大学人類学科教授の全京秀（ソンセンニム）さんが、「酩酊はウルシを食べたことがあるか?」とたずねた。

ウルシの木に触ったら、かぶれるはずだ。口にしたら、食道や胃袋がかぶれはしないだろうか?

「ない」と答えると、田舎町のウルシ料理を供する食堂で夕食をとることになった。料理名をオッタクという。漢字では漆鶏と書く。生気を養い、消化機能をたすけ、滋養強壮の効果のある漢方料理だそうだ。

前頁写真は、ウルシを使ったオッタク（筆者撮影）

ニワトリ一羽を丸煮にしたものを、卓上でハサミで切り分けてくれる。腹を開くと、なかにはニンニクがぎっしり詰まっている。

ニワトリの腹にニンニクを詰め、ウルシの樹皮をいれた水で三時間以上煮て、味つけをする。煮込んだスープは赤褐色で、ウルシの薬効のエッセンスが抽出されているので、樹皮を取り去ったスープも食卓に供される。

いささかほろ苦いが、鶏肉そのものはそれほど変わった味ではない。肝心なのはスープである。漢方薬に似た香りがし、苦味とニワトリの脂のうまさが混じった重厚な味である。舌では感じないが、スープが喉の粘膜にあたると、時折ピリッとした刺激をうける。

煮込みに使ったウルシの樹皮を見せてもらった。ウルシの木の外皮をはぎとり、短冊形に切って、乾燥させたものである。

この料理は韓国全土にあるが、食べる者はすくないそうだ。シンポジウム関係者一五人の会食であったが、敬遠して別の料理を注文する人がおおく、オッタクを食べたのは五人であった。

帰国してからインターネットで調べてみると、人によってはオッタクを食べると、全身にアレルギー反応がおこり、皮膚炎になったり、肝機能や腎臓に障害がおこり、ひどいときには死亡することもあるという記事があった。食前に全さんが、わたしがアレルギー体質ではないことを確認したわけだ。

会食の仲間に、友人の趙栄光(ザオロンガン)さんがいた。趙さんは浙江工商大学中国飲食文化研究所長で、中国食物史の第一人者である。「中国でウルシを食用に使う事例をご存じですか?」とたずねたところ、「知らないね」との返事。

毒は薬になる。『東医宝鑑』とは、李氏朝鮮王朝時代の一六一三年に刊行された東洋最大の漢方医書である。大部の和訳本をはぐっていると、ウルシを使用した処方を七例見つけた。おおくは、乾漆というウルシの樹液を固まらせたものを煙がでなくなるまで煎ってから、粉末にして、ほかの漢方薬と調合する。『東医宝鑑』の大部分は中国の医書を引き写しているので、中国でもウルシを薬用にはもちいたであろう。ウルシの薬効をもとめて、民間で創造した料理がオッタクであろう。

韓国ではウルシの若芽も食用にする。日本でも、ウルシを栽培する人が、若芽を天ぷらにして食べるという。京都でウルシの若芽を食べさせる店があるというので、季節になったらいってみよう。

煮込み用のウルシの樹皮
(筆者撮影)

3

花見のご馳走

季節はずれではあるが、花見の話をしよう。

一九八一年から、酩酊先生の花見の会が毎年続いている。はじめは、国立民族学博物館の関係者による、ささやかな宴であった。しかし、「来る者は拒まず」という原則でやっているうちに、人が人をよび、現在では一〇〇人ちかくの常連が集まる、わたしにとっての春の一大イベントになってしまった。

誰でも参加できる花見の会であるが、「参加者は食べ物か酒を一品持参すべし」というのが、発足当初からのきまりである。コンビニで弁当をひとつ買ってきても、参加資格となる。食い物ばかりで酒のすくない年、肴なしで酒を飲まねばならない年もあるが、それはそれで、ご愛敬というものである。この「持ち寄り散財」の花見の趣向は、落語に由来する。貧しい長屋の住人たちが、台所にありあわせの一品や、酒ならぬ「お茶け」を持ち寄って花見をするのが、東京落語の「長屋の花見」、上方落語の「貧乏花見」である。上方の「貧乏花見」がさきにあり、大正時代に東京に伝えられて、「長屋の花見」という題でおなじみになったようである。

今年の花見の会は、奈良で開催された。予定していた桜の木がたくさんある大阪の

前頁写真は、卵の巻き焼き、釜底、長いなり(筆者撮影)

会場が使用できなくなったので、奈良の夏まで休業中の屋上ビヤガーデンを借り切って、望遠鏡で若草山の桜を愛でることになったのだ。今回、わたしは原点にたちもどって、長屋の花見のご馳走を持参することとした。桂米朝師の演じた「貧乏花見」から献立を選んだのだ。まずは、「卵の巻き焼き」。落語では、「こうことちがうか」といわれて、「色がよう似たある」と答える代物である。まっ黄色に染まった市販のタクアンを切って、小型の重箱に詰めた。

つぎは、蒲鉾ならぬ釜底。「かまぼこ言うておまえ。・・・・これ、飯の焦げたんとちがうか」、「釜のかっこうがついてあるやろがな。言うてるがな釜底やがな」と、釜底のお焦げを、カマゾコ＝カマボコと洒落ている。本物のお焦げを大量につくるのはめんどうだし、食べてくれる人もいないだろう。中国のお焦げ料理である鍋巴(グオバ)のつくりかたを参考に、酒肴になりそうなお焦げ料理を創作した。米と挽肉を混ぜ、コンソメスープの素とカレー粉を溶いた水で炊く。飯をピンポン球くらいの大きさに握り、油を引いた板のうえにのせ、掌でぎゅっと押して、薄くしたものを、焦げ色がつくまで油で焼いて、香ばしくしたのである。

東京の「長屋の花見」では、半月形に切ったダイコンか、白いダイコンの漬け物をカマボコに見立てているので、「胃の悪いときはカマボコおろし」を食べるという。もう一品は、サワラの子に見立てた「長いなり」。「オカラのことをきらずと言うがな。切らなんだら長いなりや」とは、卯の花の煮物のことである。桜湯の桜の花漬けと干し椎茸、油揚げをオカラに混ぜて、だしと薄口醤油、桜湯と椎茸のもどし汁で煎り煮にした。桜の花漬けの香りがする風流な一品となった。

こんな料理をつくりながら、思いついたのは、長屋の住人の持ち寄った料理は、江戸時代の都市文化の産物であるということだ。日本人が米を食べるようになって以来、お焦げは食べられただろうが、かて飯ではなく、貧乏人でも混ぜものなしの白米のお焦げを口にするようになったのは、江戸時代の都市においてである。「酒屋へ三里、豆腐屋へ二里」という田舎では、オカラ料理をつくる機会はすくなかったであろう。タクアンなどの糠漬けも、江戸時代になって普及した食品である。貧乏長屋のありあわせの食べ物も、田舎ではなかなか食べられなかったのである。

4 サソリを食う

泥土のスープ、フグの卵巣の糠漬け、臭豆腐、ラクダのコブの炒め物、三〇年物のサンマのナレズシ……、世界の珍食、奇食を供する屋台「大食軒」が開店した。料理人の白衣に身を固めた酩酊先生が屋台の亭主で、常連客には「爆笑問題」の田中裕二、太田光がいる。ただし営業時間は三〇分間だけ。

ごらんになった読者もいるであろう。ＮＨＫ総合テレビの「爆笑問題のニッポンの教養」に出演して、屋台の主人役の酩酊が、奇妙な食べ物をつぎつぎと爆笑問題に食べさせては講釈をしたときのことである。

中国のサソリを姿のまま素揚げにしたものを皿にのせてだすと、グロテスクな形態におじけづいて、爆笑問題の二人は手をだそうとはしない。そこで、わたしが一匹つまんで「おいしいもんだよ」と食べてみせた。甲羅(こうら)をかみ切る、カリカリという音がマイクにつたわる。サソリの肉はすくないので、一匹まるごと、かじって食べるのが定法である。香ばしく、エビやカニに似た味がする。ただし、堅い甲羅がかみ切れる丈夫な歯の持ち主でないと、お勧めできない食品である。

サソリは猛毒の動物として恐れられているが、実物を見た人はすくないはずである。日本では沖縄と小笠原の島々に生息するだけである。世界には約一〇〇〇種以上のサソリがいるが、人間が刺されたら死ぬような猛毒をもつのは数種にすぎない。

わたしの知るかぎりでは、サソリを食べるのは中国とインドシナ半島である。中国

前頁写真は、ベトナム・ハノイの国際空港の売店で買った酒。コブラがサソリの尾をくわえている(筆者撮影)

では食用にするためにキョクトウサソリの養殖をおこなっている。食べるためには、サソリを絶食させてから、塩水に漬けて腹の内容物を吐かせ、尾の先端の毒針を取り去ってから、料理をする。

中国語の料理大事典をはぐると、一二種類のサソリ料理のレシピが載っていた。いずれも姿のまま空揚げにしてから、ほかの材料とあわせて料理をする方法である。切りきざんで、サソリの姿がわからないようにしたら、ありがたみがなくなってしまうからだろう。姿のまま油で空揚げにして、塩をふって食べるのが、普通の食べかたである。

サソリをよく食べるのは、山東（さんとう）省と旧満州の遼寧（りょうねい）省あたりである。旧満州には山東料理の影響がつよいことに関係があるのであろうか。清末には、高級料理の満漢全席の献立にサソリ料理がとりいれられたという。山東省の斉南（さいなん）（チーナン）や遼寧省の上等なレストランでは、注文したらサソリ料理が食べられるし、露店でも空揚げを売っている。

漢方医学では、全蠍（ぜんかつ）といって、サソリをまるのままゆでたり、煎ってから粉末にしたものを服用すると、破傷風、ひきつけ、筋肉痛、頭痛、中風の後遺症の治療などに効果があるとされる。「毒をもって毒を制す」ということであろう。

中国で、人びとがサソリを食べている光景に何度か遭遇した。病気治しのためではなく、健康そうな人がサソリを食べていた。ゲテモノ食いをする人の深層心理には、普通の人と自分はちがうのだということを誇示する自己主張がある。それにあわせて、薬酒にするときは、蒸留酒にサソリを姿のまま いれるのが定法である。サソリの酒漬けをながめながら飲むと、こんな恐ろしい姿をしたものの力が、自分に乗り移るのだということが実感できる。

サソリ酒は、中国、インドシナ半島では精力増強、滋養強壮の薬効をもつとされている。わたしは飲んだことがないが、ベルギーにもサソリ入りのウオッカがあるそうだ。

「蛇蠍（だかつ）のごとくきらう」というように、ヘビやサソリは不気味な存在とされている。ところが、ヘビとサソリを漬けた酒がある。写真はベトナムのハノイ国際空港の売店で買った酒であるが、コブラがサソリの尾をくわえている。どうやって、頭部が幅広いコブラを、ビンのなかに収納したのか、おわかりですか？

5 日本酒の海外進出

和食がユネスコの世界無形文化遺産に登録されたことは、「日本酒で乾杯推進会議」*代表をつとめる酩酊先生にとっても、うれしいことであった。

中国料理やフランス料理では、料理とは人工的な技術を駆使して「自然にない味を創造することである」という料理哲学が認められる。それにたいして、食材の持ち味を重視して、「料理をしないことが、理想的な料理である」という、独自の料理観を形成したのが伝統的な和食である。和食の世界無形文化遺産登録によって、日本の食に関心をもつ外国人が増加するとともに、日本酒が世界の酒となることが期待される。

一九七〇年代までは、海外で日本酒を飲むのは在留邦人と、台湾や朝鮮半島などの旧植民地で日本文化に親しんだ現地の人びとに限定されていた。そのことは、和食についてもおなじであり、日本食を供するレストランが営業する都市は、旧植民地、商社マンなどの在留邦人のおおい巨大都市、ホノルル、ロスアンジェルス、サンパウロなど日本人移民が日本人街を形成した場所に限定されていた。

日本と関係のない現地の人びとが和食に親しむようになったのは、一九七〇年代末のニューヨークとロスアンジェルスにはじまる「スシ・ブーム」からである。スシを中心とする日本料理が、アメリカ人にとって「健康によい食事」と評価され、この二大都市で日本料理店が急増したのである。一九八〇年、わたしは仲間たちとロスアン

前頁写真は、ニューヨークの日本料理店の入り口に飾られた酒樽(筆者撮影)

ジェルスの日本料理店の調査をおこなった。この頃のロスアンジェルスの日本料理店でのアメリカ人客が食事とともに飲む酒は、ビールか清酒であった。ビールは輸入品の日本産のビールが好まれ、清酒は徳利にいれた燗酒を猪口で飲むのが普通であった。アルコール飲料を温めて供するのが物珍しく、「ホット・サケ」はエキゾチズムをそそる飲みものであったようだ。

アメリカではじまった日本食ブームは、その後、世界に波及し、農林水産省の推計によれば、二〇一三年における海外で日本食レストランを名乗る店は約五万五〇〇〇軒に達するという。

二〇〇八年には、ニューヨークの日本食レストランの調査をおこなった。この時点で、ニューヨークには約八〇〇軒の日本食レストランが営業していた。日本の料理店では数種類の酒しか置いてないのが普通であるが、ニューヨークの高級日本食レストランでは数十種類の日本酒を置く店がおおく、テーブルに着くと、客に料理のメニューとは別に、ワイン・リストならぬ「サケ・リスト」を配る。燗酒を飲むアメリカ人客はすくなく、ワインクーラーにいれた四合瓶からワイングラスに注いで、冷酒を飲むことがおおい。

日本酒をよく飲むアメリカ人にはワイン愛好家がおおく、「サケはワインにおとらず、奥深いアルコール飲料である」という。

日本料理店だけではなく、フランス料理店やイタリア料理店のワイン・リストにも「サケ」という項目が記されるようになり、サケ・カクテルをつくるバーもあり、ワインショップやスーパーマーケットでもさまざまな銘柄の日本酒を販売するようになった。アメリカの大都市だけではなく、現在ではロンドンやパリでも、日本酒の人気がたかくなりつつある。過去一〇年間に、日本酒の輸出量は二倍に増加した。

＊「日本酒で乾杯推進会議」は日本酒造組合中央会の伝統文化継承事業に活動を吸収したことで、二〇一八年解消しました。

和食文化の形成におおきな役割をはたしたのが、酒と茶である。日本の高級料理は酒の肴として発達したし、茶の湯が懐石料理をつくりだした。日本酒も日本茶も、日本独自の製法による飲みものであり、民俗文化と深い関わりをもっている。和食のつぎには、日本茶と日本酒を世界無形文化遺産に登録することを考えてみたらどうだろう。

6 セビチェ

なんでも食べる酪酊先生のことではあるが、一つだけ苦手な食べものがある。それはサツマイモである。

酪酊が五歳のとき太平洋戦争がはじまり、家が空襲で焼かれて疎開をして以来、何年もサツマイモで飢えをしのぐ生活がつづいた。わが家の経済状態がよくなり、米の飯を毎日食べられるようになると、「これからはサツマイモを食べずに人生をすごしたい」と、おさな心に思ったことである。

大学院生のとき、ニューギニア中央高地の探検に出かけたところ、そこでの主食のサツマイモで毎日くらすこととなった。

そんなことで、サツマイモの味がきらいなわけではないが、それを食べることに、心理的な抵抗感をおぼえるようになったのである。

だが、酪酊の好きな献立のなかで、一つだけサツマイモを欠かせない料理がある。それがペルー料理のセビチェである。

セビチェは、日本料理の魚介類の鱠(なます)、西洋料理では魚のマリネにあたる。生魚を食べるのは日本人だけだといわれるが、そんなことはない。セビチェには生の魚や貝や、タコやイカをゆでたものを主材料として使用する。

写真にしめした、わが家でつくったセビチェを紹介しよう。

前頁写真は、サツマイモとトウモロコシをそえたセビチェ(筆者撮影)

ボールにレモン汁をたっぷり入れ、そこにニンニクとコリアンダー（香菜）の葉のみじん切り、鷹の爪の輪切り、塩、コショウを溶いておく。そこに刺身用の鯛とゆでたタコを一口大に切ったものと、赤タマネギのスライスを入れて、よくかき混ぜ味をなじませてから盛りつける。つけあわせは、ゆでたサツマイモとトウモロコシの輪切り。

この料理のコツは、レモン汁に漬けすぎないこと。漬けすぎて魚肉の芯まで白く色が変わってしまったら、魚の持ち味がうしなわれてしまう。

刺身になる材料ならなんでも使えるし、コリアンダーの葉のかわりに、コリアンダーの粉末など好みの香辛料やパセリのみじん切りで代用してもよい。ゆず胡椒や塩麹で味つけをしてもよい。簡単な料理法だが、酒の肴にもってこいの一品である。

セビチェの調味料にはトウガラシが使われるし、サツマイモ、トウモロコシがそえられることがおおい。いずれも中南米原産の作物である。

わたしのフィールドノートには、ペルーでセビチェを口にしたときの感想が、「ふだんサツマイモを食べない自分だが、酸味とトウガラシの辛味のきいたセビチェを食べるときだけは、甘いサツマイモの味があう」と記されている。

セビチェはクリオーヤ料理である。ラテンアメリカでクリオーヤ料理、カリブ海でクレオール料理とよばれるものは、中南米を植民地化したヨーロッパ人の食文化と、先住民のインディオの食文化、ヨーロッパ人が奴隷として連れてきたアフリカ人の食文化が交流して形成されたものである。

インカ帝国の中心地で、征服者のスペイン人による植民地行政の中心地であったペルーでは、クリオーヤ料理が発達し、現在のペルー料理の献立のほとんどがクリオーヤ料理である。

ペルーではスペイン人が征服する以前から、塩やトウガラシで味つけをして魚介類を生食することがおこなわれていた。スペイン人の征服者たちは、ペルーへの航海の途中で北アフリカ沿岸を襲い、アラブ系の女性を奴隷として連れてきたそうだ。その奴隷女たちが、スペイン人のもたらしたレモン、ライムの柑橘類やニンニクを使って土着の生魚料理を改良したのがセビチェである。

セビチェは酒のつまみとしてよく食べられるペルーの国民食であり、レストランでは前菜として供されるが、セビチェリアというセビチェ専門店もある。セビチェはペルーの国民料理となり、メキシコなど中南米諸国の沿岸部にも普及した。日本の中南米レストランでもセビチェを食べることができる。

7

庖丁式

酪酊先生の御座所のある大阪府茨木市に、西国二十二番札所の総持寺がある。この寺で、毎年の四月一八日に「山蔭流庖丁式」がおこなわれる。今年もそれを見物に出かけた。

山蔭流の料理師範が、烏帽子、直垂の平安時代の装束を身にまとい、右手に庖丁、左手に真魚箸をもって、雅楽の調べにあわせて、魚体にはいっさい手をふれずに、コイなどの魚を切りさばく儀式である。巨大なまな板に、ウロコや内臓を取りさったコイ一匹をのせて、胴切りにするだけのことであるが、箸や庖丁の使い方や、ちょっとした身振りにもさまざまなきまりがあり、途中で見栄を切る動作などもはさまり、三〇分もかかる演技であった。

寺伝によると、総持寺は平安時代の貴族で料理の名手であった四条中納言・藤原山蔭が八八六年頃に建立した寺院であるという。

山蔭が仕えた光孝天皇は、

「君がため　春の野に出でて　若菜つむ　わが衣手に　雪は降りつつ」

という、「百人一首」の和歌をつくったことで知られているが、皇太子の時代から自炊をし、即位したのちも料理つくりをする趣味があったそうだ。宮中の料理つくりは、身分の低い者がする仕事とされた時代に、天皇みずから厨房作業に従事したのである。

前頁写真は、総持寺での
庖丁式(筆者撮影)

炊事の煙で天皇の居室が真っ黒になったので、「黒戸の宮」とよばれたという。

光孝天皇は、料理好きの公家である山蔭に命じて、宮中料理の調理法や作法をととのえさせた。このとき、貴人や神仏に料理を捧げるときに、魚鳥を切りわけてみせる儀式である「庖丁式」の作法も確立したといわれる。山蔭が得意としたのは、コイを切ることであったという。海産の鮮魚が入手できない京都の宮廷では、コイが最高の魚とされていた。

山蔭を始祖とする宮廷料理人の流派を「四条流」というが、室町時代、江戸時代になると「大草流」、「進士流」、「園部流」、「生間流」などの幕府や大名の台所をとりしきる料理人の流派も出現した。

これらの流派では、味にはなんの関係もない魚鳥を切りわける儀式的なショーである庖丁式が、料理秘伝の奥義とされ、それを演じることが料理人にとっての最高の名誉とされた。そこで、各地の社寺の神仏の前や、格式のたかい料亭で庖丁式を演じることが、日本料理の各流派によってなされるようになった。

藤原山蔭は、総持寺のほかに、京都の吉田神社も建立した。吉田神社の境内には、「料理の神さま」とされる山蔭神社があり、そこでは生間流の庖丁式がおこなわれる。

総持寺の本尊は、木彫の千手観音像である。この本尊を彫刻する仏師に、山蔭は毎食ごとに異なる献立の手づくりの料理を供し、それが一〇〇〇日間つづいたと伝えられる。それを山蔭の「千日料理」という。当時の正式の食事は朝夕二回であったが、クッキングブックのない時代に、異なる献立の食事を二〇〇〇回思いつくことは「料理の神さま」でなくてはできないことであろう。

酩酊が大学院の学生の頃、京都郊外の宇治川のほとりにある別荘の番人をしたことがある。そこに同居をしたら、下宿代がいらないということで、友人が転がりこんできて、一緒に暮らすことになった。

わたしが料理つくりに興味をもちはじめた頃のことである。友人に「飯と汁以外の料理は、朝夕の食事には毎回ちがったものを食わせてやる」と宣言した。古本屋で買ってきた婦人雑誌の付録の献立集を参考にして、料理つくりをすることが三ヶ月つづいた。これが酩酊の「百日料理」であるが、酩酊神社は建立されそうにもない。

8

病院食のミシュランを

ちいさな手術のため、八日間ほど入院をした。手術当日は絶食だったが、あとは病院食ですごした。食いもん商売に従事する身の職業病としての、かるい糖尿病にかかっているので、カロリーを制限した糖尿病食を供された。飲み助で、ヘビースモーカーの大食軒ではあるが、入院中は禁酒禁煙をまもる模範的患者であった。

ある日の朝食のメニューを書きだしてみよう。

「白粥」
「海苔佃煮」(一人分をプラスチックの小袋にいれた市販品)
「小松菜とニンジンの煮浸し」(だしの味や塩味をほとんど感じない、ゆで野菜)
「牛乳」(一八〇mlの紙パック)
「ベビーチーズ」(プロセス・チーズの一切れを銀紙で包装)

栄養学的にはバランスのよい朝食であろうが、白粥と牛乳、チーズの取り合わせは、わたしにとって文化的抵抗感をともなう。

つぎに、夕食の例をしめそう。

「米飯」(本日は小麦粉を一〇g使用しているので、米飯二〇〇g→一七五gに

前頁写真は、本文に記した夕食、食器はプラスチック製(筆者撮影)

なります、とのカードがそえられている）

「タラの空揚げ」（塩、コショウなどで下味をつけることをしないタラの切り身二片に、パセリのみじん切りを混ぜた衣をつけて揚げる。衣の小麦粉と油の分だけ米飯の量を減らしたということらしい）ほうれん草とニンジンの薄切りをゆでて、つけあわせにする。

「焼豆腐、糸昆布、白菜の煮つけ」（だし、調味料の味を感じず）

「エノキ茸の大根おろしあえ」

「海苔かつおのふりかけ」、「減塩醤油」（いずれも市販品の一人分パック）

この夕食の料理には、調味料の味が感じられなかった。患者の健康のために、調理における塩分をなるべくひかえるということであろう。味のたりないぶんは、「減塩醤油」と「ふりかけ」のパックでおぎなえということらしい。

この病院で一九回の食事をしたが、栄養バランス至上主義の料理ばかりで、うまいと思った料理は一品もなかった。

二〇〇三年、左足首の大手術で、別の病院に一ヶ月入院したことがある。名医がおいと評判の病院ではあるが、ここの病院食もひどかった。食堂で一緒になる整形外科病棟の患者仲間に、気品のある年寄りの尼さんがいた。御仏につかえて五欲を超越したような尼さんでさえ、こんな感想をもらすのであった。

「わたしはね、入院してから一ヶ月の間に、焼き魚が美味しいと思ったことが一度あっただけ。あとのお料理は、ぜーんぶ味気ないの。お料理をする方の舌が味盲なんでしょうね。人生の晩年になって、毎日食べ物に不満をいだきながら過ごすなんて、情けないことです。退院したら、なにを食べてもおいしいと感じることでしょう」(『ニッポンの食卓――東飲西食』の「大食軒酩酊の入院記」から再録、平凡社、二〇〇六年)

病院食に、おいしさをもとめるのが間違っている。病院の食事はうまくないのが常識だ、といわれたら、それまでのことである。しかし、入院患者にとっては、食事くらいしか楽しみはない。病状にさしつかえない範囲で、おいしい料理を食べさせてくれ、うまいものが食べられなくなるので退院したくないという病院に入院したいものだ。

病院の給食献立は、その病院に所属する管理栄養士が作成するのがふつうである。病院食は栄養学的には質のよい食事なのだろうが、おいしさについては配慮がかけるようだ。管理栄養士の国家試験の科目には、料理つくりの実技はない。腕のよい料理人と管理栄養士が組んで、おいしい料理の給食をしてくれたらいいのだが。医師の給料にくらべたら、料理人を雇用する費用はたいしたものではないはずだ。

日本のおおくの病院は、患者の快楽を否定する。たいていの病院では、病状とは無関係に、喫煙、飲酒が禁止され、禁欲主義を強制する聖域となっている。わたしは晩酌しながら一時間半くらいの時間をかけて夕食を食べるのが常であるが、酒なしの病院食では二〇分ですんでしまう。

かつては病気見舞いに葡萄酒を贈ることもあったし、天皇が重臣の病床に葡萄酒を下賜されることもあった。フランスの病院では入院患者に、食事に白ワインを飲むか、赤ワインにするかを訊ねるという。

うまい食事を楽しむことは、患者の回復をはやめるはずである。長期の入院をするときには、どんな食事を食べさせてくれるのかが、病院選びにとってだいじなはずだ。老人養護施設にはいるときもおなじである。

病院や養護施設の食事を比較して点数をつけた、病院食のミシュラン・ガイドのようなものをつくってほしいものだ。だが、どうやって、その取材をするのだろう？

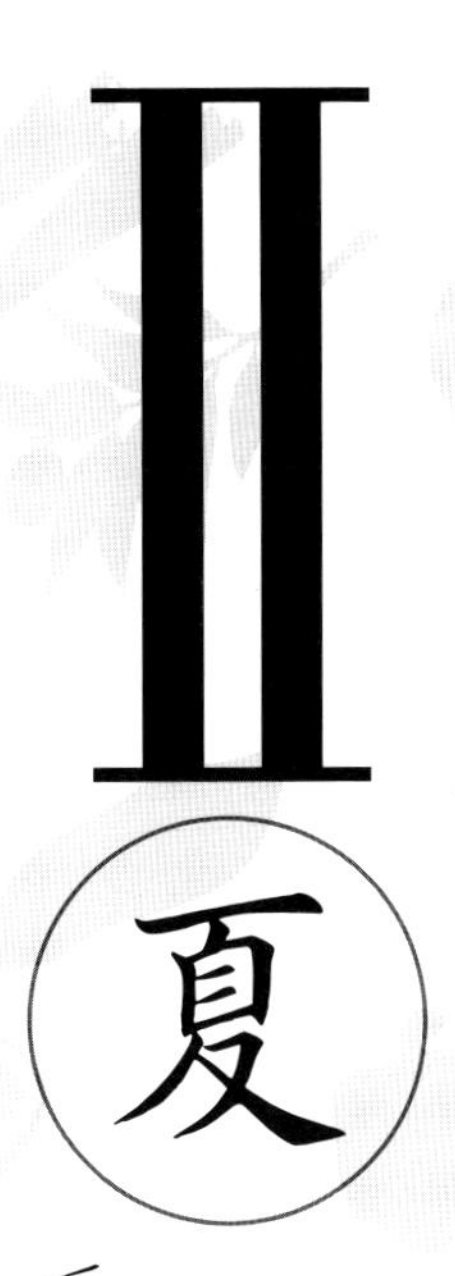

II

夏

Summer

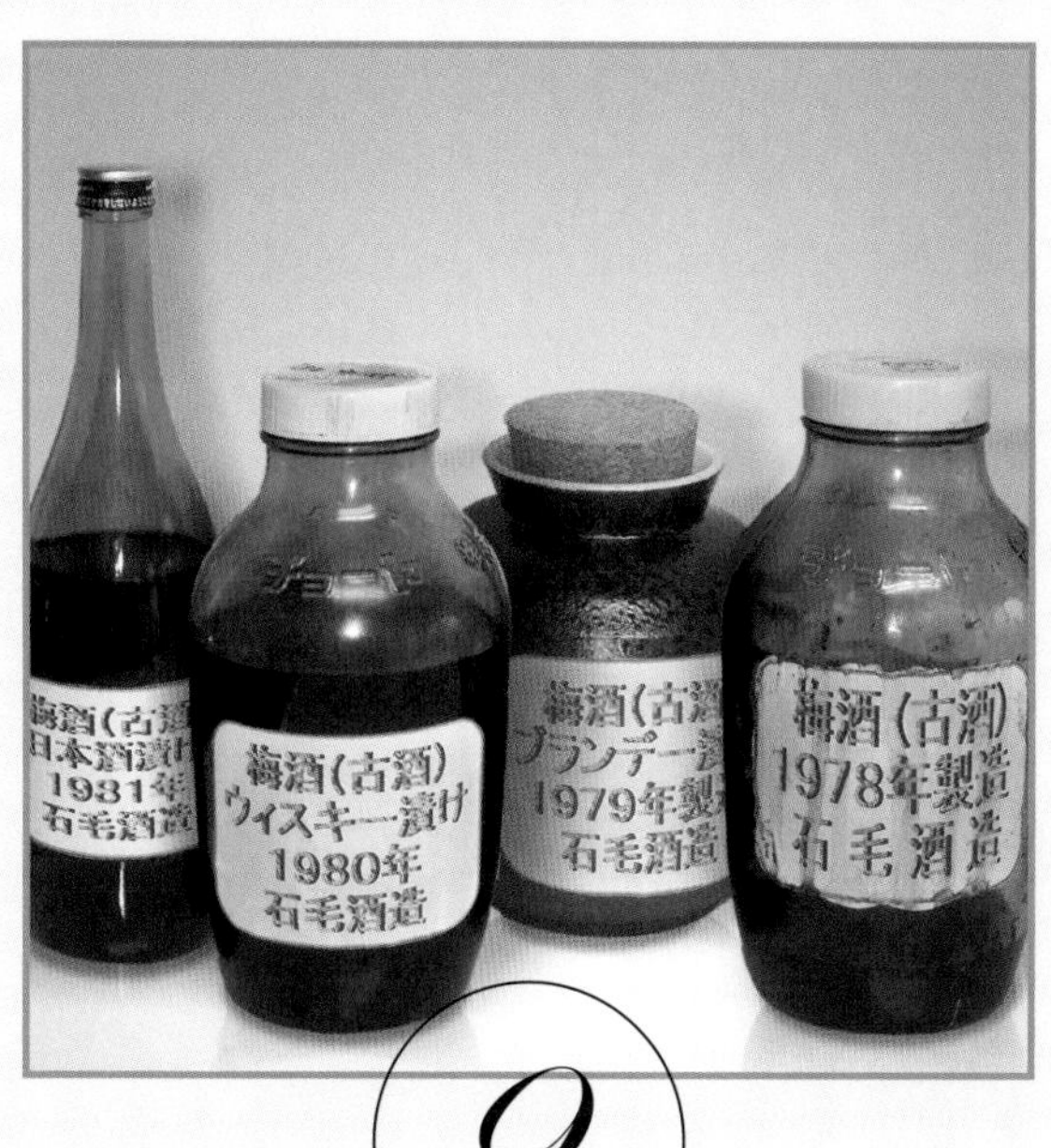
梅酒(古酒
日本酒漬け
1981年
石毛酒造
梅酒(古酒)
ウィスキー漬け
1980年
石毛酒造
梅酒(古酒
ブランデー漬
1979年製
石毛酒造
梅酒(古酒)
1978年製造
石毛酒造

9
梅酒自慢

大発見をした。

酪酊先生にとっては、学術上の発見よりも貴重な発見である。押し入れの奥から、一九七八年から一九八一年に漬けた年代物の梅酒が出てきたのである。一九七八年は甲類焼酎漬け、一九七九年はブランデー漬け、一九八〇年はウイスキー漬け、一九八一年は日本酒漬けの梅酒である。

話は一九七〇年頃にさかのぼる。当時、わたしは典型的な夜型人間であった。晩酌のあと一眠りして起き出し、夜明け近くまで机に向かい、寝酒をして寝床にもぐり、出勤時間までまどろむ生活パターンであった。

結婚して、台所つきの家に住むようになり、手料理を楽しむことが可能になった。そこで、夜なべ仕事が終わると台所に立ち、寝酒の酒肴を三～四品こしらえるのであった。枕元に皿を並べ、寝床に腹ばいになって、一人だけの宴会をするのであった。寝酒がまわると、杯盤狼藉（はいばんろうぜき）のあとかたづけをせず、そのまま熟睡する。

そのうち女房が音をあげ、夜明けの宴会は中止のやむなき事態となった。だが、寝酒なしでは眠れない。つまみなしで飲めるのは梅酒だということで、ビールのジョッキで梅酒をガブ飲みするようになった。毎晩飲むので、家でつくる梅酒の量も半端ではない。出入りの酒屋が、梅酒用の焼酎の量におどろき、「お宅では風呂桶で梅酒をつくるのですか？」とあきれていた。焼酎と氷砂糖を使用する普通の梅酒のほか、蜂蜜

前頁写真は、酩酊先生の自家製梅酒（筆者撮影）

や黒糖、ウイスキー、ブランデーなどさまざまな種類の酒の梅酒つくりをした。漬けたあとの梅の実は、シャーベットやジャムに加工する。

一九八〇年代後半から、夜型人間であることをやめたので、梅酒を飲む量はすくなくなった。そして、毎年少量漬ける梅酒の瓶に隠されて、古い梅酒が眠っていたのである。

年代物の梅酒の味はすばらしい。瓶の底には黒い澱がたまっているが、上澄みは濃い琥珀色をした液体である。いずれも、シェリー酒にも似た味があるが、まろやかさのなかに、梅の香とさわやかさが残っている。とくにウイスキー漬けの梅酒が絶品である。蒸留酒にくらべてアルコール度数の低い日本酒で漬けたものは、酒が梅の実に負けて、いささか酸味のきついものになっていた。

梅酒についての最古の記録は、一六九七年に刊行された『本朝食鑑』にあらわれる。この本は医学書でもあるので、「痰を消し、渇きを止め、食を推め、毒を解し、のどの痛みを止める」と、薬酒としての梅酒の効能についても述べられている。梅酒の製法には、あく抜きをした梅の実を古酒と白砂糖で漬け、二〇日たったら飲める、と記されている。「年を経たものが最も佳い」とも書かれているが、わが家のように超長期間たって飲むことはなかったであろう。江戸時代後期になると、梅酒のつくり方を述べた文献がいくつもあらわれるが、いずれも焼酎ではなく日本酒で漬けて、二〇日から四〇日で飲めるとある。日本酒でつくった梅酒は、はやく飲んだほうがよいものらしい。

江戸時代の変わった梅酒としては、塩抜きした梅干しを漬けたものや、梅の実ではなく白梅の花を数百個漬けてつくる梅酒がある。当時は、くせのない白砂糖を使用するのが定法であったようだ。白砂糖はぜいたく品であったので、それを大量に使用する梅酒は、上等の酒であっただろう。焼酎と氷砂糖を使う梅酒つくりが一般化するのは、明治時代以後のことである。

英国での小さなパーティに出席するとき、梅酒の瓶をさげていったことがある。ソーダ割りで食前酒に、食後酒にはストレートで供したところ、「日本には、こんなにすばらしいリキュールがあるのか」と絶賛されたことである。

梅酒は世界に誇れる日本のリキュールである。

⑩ ジャガイモのソーセージ

まずは写真をご覧いただきたい。長いソーセージをグリルして、白いソースをかけた料理じゃないか、といわれるでしょう。それにちがいありません。だが、ただのソーセージではないのです。

この夏、酩酊先生は、リトアニア、ラトビア、エストニアのバルト三国を訪ねる旅行にお出かけになりました。この写真は、リトアニアの首都ビリニュスのレストランで、先生が召しあがったジャガイモのソーセージなのです。

リトアニアは、古くから農業・畜産がさかんな国で、ライムギでつくった黒パンを主食とし、チーズやサワークリームなどの乳製品をよく食べてきた。一七世紀にジャガイモ栽培が導入されると、人間が食べるだけではなく、ブタの餌ともされ、養豚が発展した。豚肉、ジャガイモ、乳製品が、リトアニア料理の基本的な食材である。

ジャガイモのソーセージであるヴェダレイの製法を紹介しよう。本来は農家がブタを屠畜(とちく)したときにつくる食品であるが、現在はリトアニアの名物料理として、レストランでも供される。

① ブタの腸をよく洗浄し、腸の外側をニンニクでこすって、一日以上置く。
② 皮をむいたジャガイモを擂りおろして、水切りをする。

前頁写真は、リトアニアの名物料理のひとつであるジャガイモのソーセージ(筆者撮影)

③　ブタの脂身とタマネギを刻んで炒め、摺りおろしたジャガイモに、炒めた脂身、タマネギ、塩、マジョラムを混ぜて、ペースト状にする。

④　③を①に詰め、焦げ目がつくまでオーブンで焼くと、できあがり。

わたしが食べたヴェダレイ料理は、刻みベーコンとジャガイモ・ソーセージをゆでたものに、サワークリームをかけたものであった。外観は普通のソーセージであるが、ナイフで切ると、白色のジャガイモの詰め物があらわれる。

焦げ目のついた外皮を、歯でかみ切る食感は、普通のソーセージと変わりない。詰め物のジャガイモは、粘り気のあるモチモチとした食感で、脂身の重厚感もあるし、そえられた刻みベーコンの燻製臭があいまって、植物性食品とも動物性食品とも判断ができないような味であった。アルコール度数五〇度の、ハチミツを蒸留した地酒にあう料理であった。

ゆでたジャガイモが別皿で供された。ジャガイモ料理の口直しに、ジャガイモを食べるのである。

もうひとつのリトアニアの名物料理にツェペリナイがある。摺りおろしたジャガイモの生地に、挽肉やカッテージチーズの具を詰め、気球のような楕円形にまとめて、ゆでたり、揚げてつくる料理である。餅のような歯触りがある。ツェペリナイという名称は、気球のツェッペリンに由来し、二〇世紀になってから有名になった料理であるという。

獣肉を原料としない日本独自のソーセージがある。魚肉ソーセージである。伝統的な蒲鉾製造技術と西洋食品が結合した魚肉ソーセージは、日本の発明品である。

魚肉ソーセージは、一九五〇年代に普及した。わたしの少年時代は、ソーセージといったら魚肉を原料とするものであり、ベーコンはクジラでつくったものであった。ブタ肉でつくったソーセージやベーコンを、はじめて口にしたのは一九六〇年頃のことである。その後、経済上昇とともに、獣肉原料のソーセージが普及し、捕鯨問題でクジラのベーコンは高価な珍味化した。

現在では、魚肉ソーセージを売る店は減り、値段も獣肉のソーセージとたいして変わらない。ひさしぶりに食べてみたら、そのままかぶりついても、皮をむいて普通のソーセージ料理にしても、なかなかいける。

獣肉ソーセージにくらべると、さっぱりとした味で、低カロリーで、身体によい魚脂をふくむ、健康によい食品である。日本の名物ソーセージとして、世界に売り出したらどうだろう？

11

象鼻杯

朝寝坊で、朝湯が好きな酩酊先生ではあるが、朝酒はしないというのが原則である。さもないと、小原庄助さんになってしまう。原則というものは、逸脱行為が起こることを前提にしている。今朝（二〇一〇年七月四日）は、朝酒を飲んでしまった。それも早朝六時から。

大阪の万博記念公園のなかに、わたしの職場であった国立民族学博物館に隣接して、広大な日本庭園がある。そこの蓮池の花が咲く七月上、中旬の期間に、毎年「早朝観蓮会」が開催される。今日は朝起きをして、観蓮会に出かけたのだ。

というと、風流の士であると感心されそうだが、お目当てはべつにある。象鼻杯（ぞうびはい）で朝酒を飲むために出かけたのである。

日本庭園の蓮池のそばに、象鼻杯のコーナーが設置され、長い茎のついた蓮の葉が置かれている。

注文すると、茎の末端を口にくわえさせ、蓮の葉を漏斗状にしてたかく掲げ、そこに酒を注いでくれる。蓮の葉に、酒が露のような玉になり、きらきらと光る。葉と茎がつながる部分に孔をあけてあるので、吸うと、茎を通じて酒が口にはいる。蓮の葉を酒杯に仕立てたのが、象鼻杯である。おなじ蓮の葉を何度も使用するが、飲み手がかわるごとに、口をつけた部分を切りとるので清潔である。

前頁写真は、象鼻杯で飲む酩酊先生

中国の晩唐時代に記された『酉陽雑俎』という書物の「酒食」篇に「碧筩杯」の故事があらわれる。そのくだりを意訳してみよう。

魏の正始年間というが、めんどうなことには、魏という国名は三国時代と南北朝時代にもあり、どちらの国も正始という年号をもっている。三国時代の正始年間なら三世紀中頃、南北朝時代なら五世紀初頭のことになる。

いずれにせよ、魏の正始年間に地方長官をしていた鄭公愨という人物は、夏のいちばん暑い期間（三伏）になると、いつも部下や顧問を連れて、現在の山東省の歴城県にある使君林という林に避暑に出かけるのであった。

そのとき、おおきな蓮の葉をとり、葉の中央に簪で孔をあけて、酒を注ぎ、象の鼻のように屈曲した茎を通じて、酒を飲み回すことをした。この蓮の葉の酒杯を「碧筩杯」と名づけ、歴城の人びとは、これをまねるようになった。蓮の香りが酒に移り、水より冷たい味がするという。

「碧筩杯」とは、「緑色をした筒型の酒杯」とでもいった名称である。中国の古書には「荷葉杯」という名称もあらわれるが、蓮の茎が湾曲したさまを、象の鼻にたとえた「象鼻杯」という名が有名になった。

中国では、蓮の花は泥水のなかにあって、泥に染まらないというので、世俗に染まらない君子になぞらえ、「花の君子」とされた。清らかなイメージをもつ植物であるからだろう、夏に象鼻杯で酒を飲むことが風流なこととされたらしい。文人墨客といわれる知識人たちが、蓮の杯で飲酒をした記録がいくつも残されている。現在でも蘇州では象鼻杯で酒を飲ませることがあるそうだ。

江戸時代後期に編纂された『古今要覧稿』という書物に、「蓮の葉茎を連ね採りて、葉の正中より茎に孔を明けて酒をつぎて、其茎の元より吸ふを薬なりとて、人のなす事なり」と記されている。してみると、日本にも象鼻杯が伝わったようだ。

蓮根とおなじように、蓮の茎にはたくさんの通気口があいている。いくつもの小穴を伝わって酒が流れるので、かすかな香気が感じられ、清冽な味がする。

象鼻杯の一杯では、飲み助のわたしには、ものたりない。蓮池のそばにある「はす庵」というレストランで朝粥を食べたついでに、冷や酒を注文してしまい、朝起きをしたにもかかわらず、小原庄助さんになってしまった。「アー！　もっともだー！　もっともだー！」

12

食事時間

若い頃の酪酊先生は早飯であった。人と一緒に食事をすると、一人だけさきに食べ終わって、手持ちぶさたで困ったものである。結婚をして、晩酌をするようになると、酒を飲みながら、長時間かけて食事を楽しむようになった。いまでは、会食をすると、ほかの人が食べおわったあとも、酪酊だけが箸を置かず、迷惑をかけている。

自分の食事時間を計測してみることにした。

勤め人生活をおわり、自由業の身の上なので、朝寝坊を楽しみ、九時頃になって朝の食卓に着く。昼食まで間もないので、朝は軽食である。

写真は昨日の朝食献立である。毎朝かならず、自家製のヨーグルトと、野菜ジュース、少量の果物（写真はリンゴ二切れ）を口にする。ほかに昨日は乾燥野菜ミックスとガーリックトースト（いずれも既製品）を食べた。食事時間、二〇分。

朝食後、石毛研究室と称する事務室に出勤して、原稿書きなどをするので、ふだんの昼食は外食である。糖尿病の薬を飲んでいるので、間食はせず、定食を注文しても、米飯には手をつけないなど、低カロリーの食事を心がけている。といっても、アルコールの誘惑にまけて、ビールを注文したりするので、摂取カロリーは人並みになってしまう。昼食の平均時間は四〇分。

自宅での晩食が、いちばんの楽しみの時間である。まず、三品くらいの突き出しで、

前頁写真は、酪酊先生の朝食。自家製のヨーグルトや野菜ジュースなど（筆者撮影）

晩酌をはじめる。その日によって、飲む酒の種類はちがうが、いちばんよく飲むのは、日本酒か赤ワインで、日本酒に換算すると三合弱が、晩酌における平均アルコール摂取量である。

肉料理や魚料理の主菜を食べる頃になると、家族も食卓に参加する。酒を飲みながら、二〜三品の主菜や汁物を腹中に収めると、わたしが食卓に着いてから、一時間半経過している。

合計すると、わたしの一日の生活時間のなかで、一五〇分は食卓の前ですごしていることになる。これは、わたしの平均的な生活における食事時間であり、自分で晩食をつくるときは、買い出しや調理にも時間を費やす。

わたしは、生きるために食べるのではなく、食べるために生きている人間なのである。

一九八二（昭和五七）年に刊行された著書に、わたしはこんなことを書いている。

「ＮＨＫの国民生活時間調査によると、昭和四〇年までは国民一人あたり一日の食事時間は一時間一〇分台でとどまっていたのにたいして、昭和四五年以降は、一時間三〇分台にまで長くなったことがわかる。それは経済の高度成長がある程度達成されたのちになって、食事を楽しむ余裕が生まれたことをしめすものであろう。ラテン系の民族にくらべたら、まだ日本人の食事時間は短いといえようが、それでも早飯が美徳とされてきた日本社会において、二〇分も食事時間が長くなったことの意義はおおきい。それは、快楽の持続化志向が日本人の食事にもあらわれたことを物語るものである」(『食事の文明論』中公新書、一九八二年)

では、現在の日本人の食事時間はどうなっているのだろう? インターネットで、「食事時間、国際比較」というキーワードで検索してみて、おどろいた。日本は世界三位の食事に時間をかける国となっていたのである。

二〇〇六年の資料による国際比較では、一位フランス一三五分、二位ニュージーランド一三〇分、三位日本一一七分、四位イタリア一一四分の順である。一七カ国の比較のなかで英国は一二位の八五分、米国は一五位の七四分という結果である。

英国系の移民のおおいニュージーランドが二位なのは、意外であったが、海外の食文化をとりいれ、この国の食生活は近年豊になったという。

どうやら、日本は世界のなかでグルメ国となり、わたしのように、食べるために生きる人がおおくなったようである。

13 モルディブ・フィッシュ

上方落語の「貧乏花見」の趣向で、酪酊先生の主宰する花見の会に参加する者は、食べ物か酒を一品持参することになっている。[*] 今年の花見の会には、スリランカ（かつてのセイロン）で買ってきたモルディブ・フィッシュを使用した料理をつくって出品した。

モルディブ・フィッシュとは、スリランカから南西に約七五〇キロ離れたインド洋の島国であるモルディブで生産されている鰹節の一種である。

生のカツオを塩水で煮て、日本の生利節とおなじものをつくり、これを燻煙してから、何日間もかけて天日乾燥して製造した、日本の荒節とおなじものがモルディブ・フィッシュである。日本では、江戸時代に荒節にカビ付けをした枯節つくりの技術が成立したが、モルディブ・フィッシュつくりにカビ付けはなされない。世界でいちばん堅い食品といわれる枯節ほどではないが、歯がたたないほど堅く、日本の鰹節とおなじうまさと風味をそなえた食品である。

一四世紀からモルディブ・フィッシュがつくられていたことがわかる記録がある。日本の鰹節の最古の記録は一六世紀初頭なので、鰹節はモルディブから日本に伝えられたという説もある。しかし、さまざまな理由から、日本の鰹節はモルディブとは関係なしに発生したと、わたしは考える。

前頁写真は、酪酊先生が自作したシーニ・サンボーラ（筆者撮影）

モルディブ・フィッシュはスリランカへの輸出品として製造されてきた。スリランカでも鰹節を少量生産するが、現在でもほとんどがモルディブ産のものを使用する。スリランカの公用語であるシンハラ語で、鰹節をウンバラカダとよぶ。

香辛料を多用するカレー系のスリランカ料理であるが、とくに野菜料理に鰹節がもちいられる。イノシン酸のうま味を野菜に付加するのである。

日本のように鰹節を削って使用するのではなく、どの家庭の台所にもあるスパイスを潰す石臼に鰹節をいれ、石杵で搗いて、粉末状にして料理に混ぜて、ほかの材料と一緒に食べてしまう。

日本の伝統的食文化の特徴は、汁や野菜にうま味を付加する鰹節、煮干し、コンブなどのダシ専用食品が発達したことである。それは、かつての日本料理では、肉、油脂の使用が欠如していたからである。肉や油脂は、うま味とコク味をもつ食品であり、肉料理にくわえられる強烈な香辛料は、ダシの淡い風味をおおい消してしまう。

日本のダシ専用食品はうま味を抽出したら使命を終え、ダシガラとされる。粉末にして使用するモルディブ・フィッシュは、料理の過程で取りのぞくことをせずに食べてしまう。香辛料兼食材のような存在である。

花見料理には、タマネギの佃煮風の料理である「シーニ・サンボーラ」をつくった。薄切りのタマネギ、カレーリーフ、ニンニク、トウガラシ、カルダモン、甘酸っぱい味のするタマリンド・ペースト、モルディブ・フィッシュを弱火で油炒めにして、タマネギがしんなりして色づいたら、塩と砂糖をくわえ、水気がなくなるまで炒めたら、できあがり。スパイシーで鰹節の味がする、この料理は酒のつまみとして好評であった。

わが家の台所に石臼はない。モルディブ・フィッシュをカンナ状の鰹節削り器で削ってから、包丁で刻んで、粉末状にしようと試みた。ところが、ながいあいだ使うことがなかったので、鰹節削り器が行方不明となってしまった。

近くのスーパーを何軒か回ってみたが、鰹節削り器が置いてあるところはなかった。スーパーでは鰹節も置いていない。ダシ食品の売り場に置かれているのは、パック入りの削り節と、粉末や液体の風味調味料（ダシの素）である。家庭で鰹節を削ったのは、昔話の世界のこととなったようである。大阪のデパートまで出かけて、ようやく鰹節削り器を入手したことである。

＊酪酊の花見の会については、「花見のご馳走」（一七頁～）を参照されたい。

スリランカ最大の都市コロンボの乾物屋で売られているモルディブ・フィッシュ。日本の鰹節とおなじ外観である（筆者撮影）

14

お子さまランチ

ようやく宿願を達成した。お子さまランチを食べることができたのである。

大人がお子さまランチを注文するわけにはいかない。孫を連れてレストランに出かけ、孫に食べさせるふりをして注文したお子さまランチを、大食軒が横取りして食べたのである。


終戦後、しばらく東京の近郊農村でくらしていたとき、小学生のわたしにとって、年に一〜二回、親に連れられ、汽車に乗って、東京の百貨店へ買い物にいくのが楽しみであった。当時はデパートを百貨店と呼んでいたが、田舎育ちの子どもにとって、そこは夢の国のような場所であった。百貨店のエレベーターに乗ったのが、いまの子どもがジェットコースターに乗るのとおなじくらいワクワクする体験であった。それまでに体験したいちばん高い場所である屋上には、当時の子どもにとっての天国のような遊園地があった。

食堂のガラスケース越しに見たお子さまランチは、あこがれの食べ物であったが、食べさせてもらうことはなかった。

一九三〇（昭和五）年、日本橋三越百貨店大食堂で、「お子様洋食」という名で、チキンライス、コロッケ、ハム、スパゲッティ、サンドイッチなどを一皿に盛りあわせたのが、日本で最初のお子さまランチであるという。チキンライスは山形に盛り、頂

前頁写真は、D51蒸気機関車に盛られたお子さまランチ（筆者撮影）

上に三越の社旗が立てられたが、のちに日の丸などの国旗にかえられたそうだ。

三越の三ケ月後には、上野松坂屋の食堂で「お子さまランチ」を供するようになり、この名称が普及した。以後、お子さまランチはデパートの食堂で供する子ども用の洋食として定着し、飯には旗を立て、玩具のおまけをつけることが定番化した。お子さまランチは日本の発明料理である。レストランは大人の世界であるとする欧米では、子連れで高級な料理店にいくことがなかったので、お子さまランチはなかった。しかし、近頃はキッズメニューといって、ハンバーガーやホットドックなどを中心とした、子ども用のメニューを用意した店もあるそうだ。


数年前から、お子さまランチを食べてみたいと思うようになった。

下腹がつきだして、肥満型の体型をしたわたしのことである。医師からも、山の神さんからも、節食を心がけろとのお告げをうけている身の上である。しかし、大食軒の名に恥じず、レストランにいったら、何品もの料理を注文しないと気が収まらない。

一皿に何品もの料理を少量ずつ盛りあわせたお子さまランチだったら、何種類もの料理が食べられて、しかも低カロリーの食事を楽しめるはずだ。

しかし、お子さまランチは幼稚園から小学校の低学年の年齢層を対象に設定した食事である。大人が食べるために注文するわけにはいかない。

孫が生まれたとき、この子にお子さまランチを注文してもおかしくない年頃になったら、わたしも食べることができると期待したことである。

四年たって、ついにその機会がやってきた。孫をまじえた家族連れで、大阪のあるデパートの食堂で昼食をしたのである。

「おもちゃ付き　お子さまランチ」七七七円の献立は、ハンバーグ、えびフライ、チキンナゲット、ポテトフライ、ごはん、ゼリー、ジュースで、赤いD51蒸気機関車に盛られていた。チキンライスのごはんの上には旗が立てられていた。

ゼリー、ジュース、おもちゃは孫にあげ、大人たちが注文した料理をすこしずつ孫に食べさせ、お子さまランチの料理は、わたしが独り占めにして食べた。

量的には物足らない気もするが、わたしの健康にはよいだろう。赤ワインと黒ビールを飲みながら、お子さまランチを満喫したのである。

初めてのお子さまランチを食べる酩酊先生

15

冷やし中華

酪酊先生が東京近辺に住んでいた子どもの頃、夏の夕食の楽しみは冷や麦を食べることであった。その頃のわが家では、ふだんのだし汁には煮干しをもちいたが、冷や麦を食べるときは鰹節でだしをとるのであった。母親に鰹節を削ることを命じられると、「今夜は冷や麦が食べられる」とよろこんだことである。

昭和二〇年代の関東地方では、夏に食べる冷たい麺は、冷や麦が普通であり、そうめんはあまり食べられていなかった。酪酊がそうめんに親しむようになったのは、関西の大学に入学してからのことである。

下宿住まいの大学生となって外食生活をするようになってから知った、夏の冷たい麺料理に「冷やし中華」がある。

冷や麦、そうめん、盛りそばなど、日本の冷たい麺料理は好きではあるが、それだけで食事をすませたら、おかずなしで主食だけを食べたことになり、物足りない気がする。冷やし中華には、焼き豚、錦糸卵、メンマ、キュウリ、紅ショウガの細切りがそえられ、主食とおかずが盛りあわされているので、一皿で完結した食事をとることができる。また、水洗いをしただけの伝統的な麺料理にくらべて、中華麺を氷水で冷やして供する店がおおいので、汗ばんだ身体を引き締めてくれるような気がする。しかも、貧乏学生にも手がとどく値段で外食できる料理である。そこで、夏の昼食には、

前頁写真は、酪酊お手製の冷やし中華。日本の麺料理につきものの鳴門巻は、ラーメンや冷やし中華にも飾られる（筆者撮影）

冷やし中華を食べることがおおくなった。
いまになって思えば、わたしが冷やし中華の味を知った昭和三〇年代前半は、日本で中華風の冷たい麺が普及する時期にあたっていた。

中国の唐代、宋代には夏に冷たい麺料理を食べることがあった。しかし、時代がたつにつれ、冷たい料理を供さなくなるのが、中国料理の歴史的傾向である。

現代の中国の麺料理にも「冷拌麺・涼拌麺（リャンバンミエン）」という、ゆでた麺を水で冷やしたものに、さまざまな具材とピーナッツやゴマのソースや黒酢などの調味料をあえて食べる麺料理もあるが、日本での冷やし中華ほどの人気はない。

冷やし中華の起源については諸説があるが、いずれも昭和一〇年前後に仙台、東京、京都の都市の中華料理専門店からはじまったとされ、当初は冷麺とか、涼拌麺という中国起源のことばでよばれた料理であった。

昭和二一年に、中国を支那とよばずに、中華民国という名称を使用するようにという外務省の通達がだされ、それまで「シナそば」とよんでいた中国起源の麺や麺料理を、「中華そば」というようになった。昭和二〇年代後半に、夏に中華麺を冷やして食べる料理が普及しはじめると、「冷やし中華」という名称が定着した。

昭和五〇年に、それまで夏季限定の商品だった冷やし中華を、冬にも食べられるようにということで、ＳＦ作家の筒井康隆たちが音頭をとって「全日本冷やし中華愛好会」が結成されたことに象徴されるように、冷やし中華という名称が全国的に通用するようになった。

昭和三三年に「チキンラーメン」が発売されてから、「中華そば」を「ラーメン」というようになった。そこで、北海道では「冷やしラーメン」ということがおおい。また冷やし中華の普及期に、関西の中華料理店では「冷麺」という商品名で売りだしていた名残で、西日本では冷麺とよぶことがおおい。焼き肉屋などが供する朝鮮半島の冷麺（ネンミョン）と区別するときには、それを韓国式冷麺とか、朝鮮冷麺という。

ゆであがった麺を氷水で冷やし、彩りよく盛った具材に、さっぱりとした味の汁をかけて食べる冷やし中華は、中国や朝鮮半島の冷たい麺料理とはちがう日本独自の料理に進化した。中国でも「日式冷麺」という名で食べられるようになったのである。

16

ウクライナのサーロ

この夏、ドニエプル川の船旅をした。ウクライナの首都キエフから船に乗り、下流の各地に寄港して、黒海沿岸のオデッサにいたる一〇日間の旅であった。

ヨーロッパの穀倉といわれるウクライナの大平原の中央部をゆったりと流れる、川幅が二〇〜三〇キロもある大河である。対岸は水平線の彼方にかくれ、川というよりも海の景観である。岸辺の林がとぎれ砂浜が形成された場所には、キャンプ地や別荘が造られ、短い夏を楽しむ水着姿の人びとでにぎわっていた。この旅の食事はすべてウクライナ料理であった。有名なウクライナ・ボルシチ、鶏肉のなかにバターをいれてつくったキエフ風カツレツ、野菜や肉、チーズなどを餡にした水餃子にバターやサワークリームをまぶして食べるワレーニキなど、ウクライナの名物料理を楽しんだ。

あまり知られていないウクライナの食品にサーロがある。豚の脂身の塩漬けで、生で食べられることがおおい。どこの市場にいっても、白い、分厚い板のようなものを積み重ねて売っている。それがサーロであった。

市場の売り子にたずねると、豚の背の部分の脂肪層を皮付きのまま切ってサーロに加工するという。夏には塩をまぶして一週間置いたら食用になるが、ほかの季節には塩水に長期間漬けこむという。ニンニク、ディルの葉などの香辛料を加えて漬けることもある。

前頁写真は、黒パンのうえにサーロをのせたカナッペ（筆者撮影）

普通のベーコンは、赤身と脂身が層になった三枚肉を材料として、塩漬けのあと乾燥と燻煙をしてつくられる。サーロは、脂肪層の部分のみを塩漬けにしただけで、燻製加工はしないので煙による色付けがなされず、真っ白で、やわらかな製品である。日本円に換算すると、一キロが約一〇〇〇円の値段であった。

サーロを二〜三ミリの厚さにスライスしたものを短冊形に切って、そのまま食べることがおおい。バターのかわりにパンにのせて食べたり、生野菜のサラダと一緒に食べる。脂身の刺身とでもいった食べ方である。

燻煙の香りのするベーコンとちがって、特別な風味を感じない食べ物だ。塩味をのぞいては、無味無臭で、脂肪の重みのあるしつこさはあまり感じない。やわらかく、ねっとりとした脂肪の歯触り、舌触りがおもしろい。慣れると病みつきになりそうな食品である。

ホリールカというトウガラシを浸したウクライナのウオッカと、サーロの相性は抜群によい。黒パンにサーロの一片をのせたものと、生のニンニクをかじりながら飲むと、強烈な酒が心地よく喉を通る。

サーロは生食するだけではなく、脂身のない豚以外の肉にはさんで料理をしたり、炒め物の油脂として使用したり、煮物料理にいれたりする。植物性の食材でも動物性の食材でも、まず油脂で炒めてから、焼いたり、煮たりするのが、ウクライナの料理の特色である。料理に使ったあとに残ったサーロの揚げかすはウクライナ人の好物であるという。

夏のウクライナを旅すると、ヒマワリの花をよく見る。地平線の彼方までひろがる広大なヒマワリ畑もある。ウクライナとその西のモルダヴィアは、世界におけるヒマワリの大産地である。

市場では乾燥させたヒマワリの種を売っている。そのまま口にいれて、歯で殻を割って果肉を食べ、殻をはき出すのである。ただし、ヒマワリの最大の用途は油を生産することにある。サラダのドレッシング、炒め物や揚げ物など、ウクライナ料理にはヒマワリ油が多用される。

ウクライナでヒマワリを栽培するようになったのは、一九世紀になってからのことである。この一〇〇年間に普及し、その他の植物油を駆逐して、植物性の食用油のほとんどがヒマワリ油で占められるようになった。

ヒマワリ油普及以前は、オリーブ油も利用されたが、高価であったので、民衆の油料理には、もっぱらサーロが利用されたようだ。

豊かな国々では、健康によくないと、肉の脂身を目の敵にするようになったのが、現代である。ウクライナを訪れる欧米の観光客も、高脂肪で、しかも生で食べるサーロを敬遠するという。

だが、肉食を忌避した日本やインドなどをのぞくと、おおくの民族にとって肉はご馳走であり、肉のなかでも高カロリーで、脂肪のおいしさを楽しめる脂身がおいしいとされてきた。わたしが訪れたアフリカや太平洋の人びとに、肉のどの部分がおいしいかと訊ねると、きまって脂身とレバーという答えが返ってきた。

中国では、豚の脂身のおおい部位を肥肉（フェイロウ）とよび、赤身ばかりの部位を痩肉（ショウロウ）といった。伝統的には肥肉が上等とされ、痩肉よりも値段が高かったのである。しかし、経済上昇で肉がふんだんに食べられるようになり、健康志向がたかまった現在は、肥肉よりも痩肉のほうが高価になった。

とはいえ、国民的食品としての嗜好が確立しているサーロのことである。ウクライナ人がウオッカを飲みつづけるかぎり、サーロが食卓から姿を消すことはなさそうである。

III

秋

Autumn

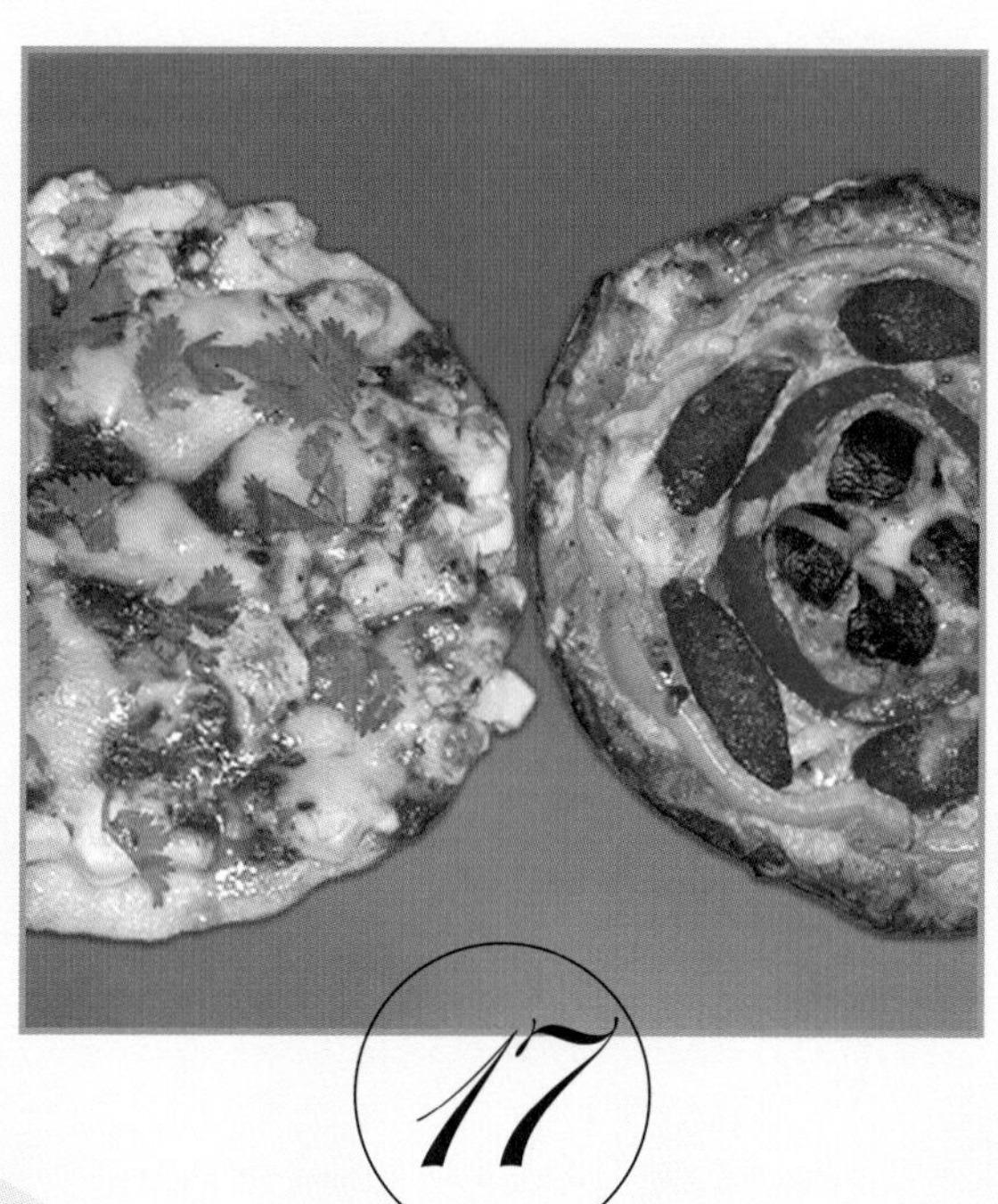

17

豆腐ピザ

実用的料理本は、書斎に置くものではない。台所の常備品であるべきだ。そんな信念にもとづき、わが家の台所の食器棚の一隅を、数十冊のクックブックが占拠している。料理にとりかかる前に、レシピに目を通して、これからつくる料理の手順をおさらいするのが、長年の慣わしであった。

ところが、この二～三年、台所の料理本を参照することが、めっきりすくなくなった。レシピどおりの料理をつくらなくなったのである。冷蔵庫のなかの余りものなどを材料に、クックブックにはない、そのときどきの思いつきで料理をつくることがおおくなったのである。

料理の達人が、いままでになかったレシピを開発した場合は、「創作料理」という看板をかかげてもよいだろう。しかし、素人のわたしが思いつきでつくるのは「でためら料理」というほかない。

近頃よくつくる「でたらめ料理」はピザである。ピザをつまみに、安物の赤ワインを飲むことが好きになった。ピザを食べるためにワインを飲むというよりは、ワインを飲む口実にピザをつくるようになったのである。

コムギ粉を練ってピザ生地をつくることはしない。スーパーで、ピザ生地や、メキシコ料理のタコス用のトルティーヤ生地の冷凍品を買ってくる。トルティーヤ生地の

前頁写真は、右から腐乳のピザ、麻婆豆腐のピザ（筆者撮影）

場合は、薄いので腹にもたれないし、小型なのでオーブントースターにいれて焼くことができる。ピザ生地にトマトソースを塗り、野菜や肉の具とチーズをのせ、オーブンで焼くのが、一般的なピザである。しかし、その日の気分まかせでつくる酩酊流のピザは、なんでもありだ。

食べのこしたカレーやシチューを塗ったピザ、きざみ納豆をのせたピザ、佃煮の小魚や塩辛を具にしたピザなど・・・・、数えてたらきりがないが、なかでもお気にいりは豆腐ピザである。

体重が気になる酩酊先生のことである。カロリーがたかいチーズのかわりに、健康食品である豆腐を使ってみようと思いついたのである。水切りした豆腐をつぶし、こくのある味にするためにオリーブ油少量と、アミの塩辛を混ぜてペースト状にしたものをピザ生地に塗る。そのうえに、ハム、ベーコンなどの肉類、ウナギやアナゴの蒲焼きをきざんだもの、キムチなど、そのときどきの思いつきの具をのせて焼くだけである。

チーズを、発酵豆腐にかえてつくることもある。腐乳（フゥルウ）とか、南乳（ナンルウ）、豆腐乳（ドウフゥルウ）という発酵豆腐がある。豆腐にコウジをつけ、塩水のなかで発酵させた食品で、発酵臭と塩味がする。これを中国食品店で買ってきて、つぶしたものを、ピザのチーズのかわりにすると、独得の風味がある。写真の左側は、余りものの麻婆豆腐にチーズ少量をのせてつくったピザを焼きあげてから香菜を散らしたもの。右側は腐乳を塗ったうえに、赤ピーマンとやわらかなサラミ・ソーセージを配したピザである。味のほどは、ご想像にまかせることにしよう。

店では食べられないさまざまなピザを発明したと、得意げに知人に自慢した。ところが、「カレー・ピザなど珍しくはない、市販されているよ」との返答であった。でも、豆腐ピザはわたしの独創のはずだ。気になってインターネットで「豆腐ピザ」というキーワードで検索してみた。

ある、ある、約四万件もヒットした。豆腐をつぶしてマヨネーズと混ぜたペーストをつくる方法、水切りした豆腐を薄切りにしてコムギ粉をまぶしたものをピザ生地として使用する料理など。

「あたらしいご馳走の発見は人類の幸福にとって、天体の発見以上のものである」という、『美味礼讃』の著者ブリア＝サヴァランのことばは真実であった。わたしの思いつくことは、誰でも思いつくことであったのだ。

18

エスカルゴ

昨年の晩秋、酩酊先生はフランスの研究所から招聘されて、お目付役の保護者同伴でパリに一ヶ月滞在した。台所つきの宿舎であったので自炊もしたが、外食がおおく、ワインとフランス料理を堪能する日々であった。

帰国して体重計にのってみると、三キロちかく肥えていた。現在は保護者の監視下で、肉や脂肪のすくない食生活を送る日々である。

学生時代、わたしは考古学を専攻していた。なんという本だったか忘れてしまったが、英書講読のときに、ヨーロッパの新石器時代の貝塚発掘の報告書を読まされた。その貝塚からはスネイル（snail）がたくさん発見されたと書いてあった。わたしの英和辞典には、スネイルは巻き貝と記されていた。はて、海から遠く離れた遺跡なのに、どうして大量の巻き貝が出土するのだろう？　首をひねっていると、それは陸産の巻き貝でエスカルゴのことだと、先輩が教えてくれた。

ヨーロッパでは、先史時代からエスカルゴを食べており、古代ローマ人はエスカルゴの養殖場をもっていたという。中世には、肉断ちの日にもエスカルゴは食べてもよいので、大量に食べていたという。エスカルゴがフランスの名物料理になったのは一九世紀のことである。

わたしが、エスカルゴをはじめて食べたのは、一九六六年に、東アフリカの調査の

前頁写真は、エスカルゴのサラダ（筆者撮影）

帰りに、はじめてパリに寄ったときのことである。その頃、わたしは貧乏であった。フランスに来たのだから、エスカルゴというものを食べてみたい。しかし、ちゃんとしたレストランにはいるお金はなかった。

街の総菜屋をひやかしていると、エスカルゴを売っていたので、それを買って、安宿で食べてみた。殻をほじくって、口にしてみると、ちっともうまくない。どうして、フランス人はこんなものを珍重するのだろうと、疑問に思ったことである。あとになってわかったことであるが、わたしはオーブンで焼いて食べる料理を、そのまま食べられる総菜と誤解して、生のまま食べたのである。

いちばんよく食べられるエスカルゴ料理が、エスカルゴのブルゴーニュ風（エスカルゴ・ア・ラ・ブルギニョンヌ）である。まず、エスカルゴの身を殻からはずして、白ワイン入りのスープで煮ておく。ついで、エシャロット、ニンニク、パセリのみじん切りに混ぜたバターと、身をふたたび殻にもどし、高熱のオーブンにいれて、焼きつける。バターが沸騰している、熱いうちに食べる料理である。それを、生のまま食べて、うまいはずはない。

若い日のかたきうちに、今回のパリ滞在のとき、スーパーの総菜売り場で、エスカルゴのブルゴーニュ風を買ってみた。エスカルゴを焼くには、陶器でつくった、タコ焼きの鉄板のように半球形のくぼみのついた専用の皿がある。スーパーでは、厚手の銀紙の底にくぼみをつけて、そのままオーブンにいれたらよい容器にいれて売っている。

宿舎のオーブンで焼いて、口にしてみた。濃厚なエスカルゴ・バターの味に、赤ワインがよくあう。日本では、エスカルゴのかわりに、小形のサザエを使って、つくってもよい。

殻つきで焼くほかにも、さまざまなエスカルゴ料理がある。オーベルニュ地方の田舎のレストランで食べたエスカルゴ料理が、冒頭の写真である。生ハムぞえの野菜サラダの上に、味つけして煮たエスカルゴの身だけを、豚肉、キノコとソテーしてのせた料理である。黒い色をしているのがエスカルゴである。

日本でも、かつては飛驒地方でクチベニマイマイというカタツムリを焼いて、子どものおやつとしたそうだが、一般にユーラシア大陸の東側では、陸産の巻き貝を食用にすることは発達しなかったようである。

スーパーのエスカルゴを焼いたもの（筆者撮影）

19

酒育談義

飲み助の酩酊先生のことである。酒にえこひいきすることはない。アルコールのはいった液体なら、なんでも口にする。自分で晩飯つくりをするときには、いつも酒との相性を考える。そのとき、今晩はこんな料理を食べたいという食い気が先行する献立プランに相性のよい酒を選ぶ場合と、飲み気が先行して、そのとき飲みたい酒にあわせて献立を考える場合の二通りがある。日本酒、ビール、ワイン、中国酒、ウオッカなど、晩酌に飲む酒もさまざまである。

そんな酩酊先生が、「日本酒で乾杯推進会議」の代表になってしまった。日本酒で乾杯することによって、日本文化をみなおそうという趣旨の会で、三万人近くの会員がいる。

会費は無料で、会員は、この会が主催する日本酒と日本文化に関する講演やシンポジウムに参加できる。これらの会合のあとには、全国の日本酒を試飲できるパーティーがある。くわしくは、「日本酒で乾杯推進会議」のホームページを参照されたい。*

そんなこともあり、「酒育」に関心をもつようになった。「食育」に対応することばであるが、この文字をサケイクと読むべきか、シュイクというべきかも確定していない。いずれにせよ、酒育が必要となったのが、現代日本である。

「食育基本法」が制定され、学校教育でも食についての教養を子どもに教えるように

前頁写真は、酩酊先生愛用の酒器（筆者撮影）

なった。おなじように、酒についての知識や、健全な酒とのつきあいかたを教えるべきではなかろうか。日本酒、ビール、ワインの醸造法のちがいや、蒸留酒のつくりかたなどは、理科の教材としても役立つはずである。

しかし、酒は悪であるときめつけて、酒や飲酒についていっさい語らないのが、教育界の主流である。学校で性教育をするにもかかわらず、酒育の教科がつくられることは期待できそうもない。

二〇歳以上にならないと、飲酒ができないのが日本の法律である。食事にビールやワインがつきものの国々であるオランダ、ベルギー、イタリア、フランス、スペインでは、一六歳から飲酒が法的に許可される。このような場所では、家庭の食卓が酒育の場ともなっている。

食事の基本単位が家族であるのにたいして、酒は社会的コミュニケーションの媒体である。江戸時代の都市で独酌をする人々が現れたが、もともと日本の酒は祭りなどの行事のとき、家族の枠をこえて、人びとが集まって飲むものであった。そこで酒が飲める年齢になると、一人前の社会人が身につけるべき教養として、酒についての社会教育がなされた。

地域社会では、はじめて神社の祭礼に参加する若者に、年長者が直会（なおらい）の宴会の杯の作法について教えてくれた。かつての会社の宴会は、新入社員に得意先との酒席での接待のしかたや、上役への酒の勧めかたを教育する場であった。

飲酒の個人化が進行した現代では、人に気をつかうことなしに、自分勝手に飲んだらよいということになった。女性の飲酒が普及したが、粋な酒の飲みかたを教えてくれるお姐さんもいない。ワインの講釈を得意げに語る若者はいても、日本文化の産物の日本酒については無知である。

社会の側での酒育が望めない現状では、パーソナル・コミュニケーションにまかせるほかはない。年長者が、若者に飲酒や酒の教養をさりげなく伝授することである。家庭での晩酌のさいに酒談義をして、粋な飲みかたを見習わせることである。

じつは、意地きたなく大酒をする、わたし自身が酒育の必要な人間である。晩酌のさい、未成年の子どもたちに一杯だけ味見をさせたりすることもした。わたしの子どもたちは、酒好きとなったが、父親のようなだらしない飲みはしないようになった。家庭における酒育の反面教師としての成功例である。

＊　二八頁に記したように「日本酒で乾杯推進会議」は発展的解消をしたので、「日本酒造組合中央会」のホームページを参照されたい。

20 小鳥との共食

平成二三年度の統計によると、日本の七五歳以上の後期高齢者数は一四七一万人で、総人口の一一・五パーセントを占める。女性のほうが長生きをするので、高齢になるほど女性の比率がおおくなる。かつての日本社会では、高齢者が子ども夫婦や孫と暮らす三世代家族もおおかったが、現在では高齢の女性が一人だけで暮らす単身世帯がおおくなった。単身世帯では、友人や地域の人びととのつきあいがすくなく、社会的孤立をまねくことがおおい。

酩酊先生も、もうすぐ満七五歳の誕生日をむかえ、後期高齢者の仲間いりをすることになる。そろそろ「老後の生活設計をするべきだ」と忠告する知人もいる。「そんなしんきくさいことを考えるのは苦手だ。ケ・セラ・セラ、なるようになる。さきのことなどわからない」と返事をするのが常だ。

こんなチャランポランな酩酊の生活のなかで、お年寄りの食生活の参考になりそうなことを、二点だけ紹介することにする。

わたしは、学生時代から料理ずきであった。台所を使用できる下宿に住んだときは、よく自炊をした。しかし、一人きりで食べるのは侘びしいものである。こった料理をつくったときなどは、苦心の作を批判したり、ほめてくれる相手が必要である。

食べることには快楽がともなう。自分でつくり、一人っきりで食べて、自己完結する食事は、性の快楽にたとえたら、オナニーである。

前頁写真は、スズメと一緒に昼食（筆者撮影）

そこで、料理をつくったときには、食事代のかわりに、あと片づけや、皿洗いをするという条件で、友人たちを招いて会食をすることをこころがけた。

料理ずきの者にとっては、自分の料理を食べて、よろこんでくれる人びとがいることが、生きがいにつながる。ならば、料理自慢のお年寄りの家に、近隣の一人暮らしの老人が集まり、一緒に食事をする会をつくったらどうであろう。

食は日常生活における最大のコミュニケーション媒体である。食事を共にすることによって、高齢者の社会的孤立をふせぐこともできる。

文化とは、ほかの動物にはみられない、人間に特徴的な観念や行動である。そこで、人間の文化を説明するテーゼがいくつかある。

「人類は言語を使用する動物である」とか、「人類は火を使う動物である」など、人間の文化を説明するテーゼがいくつかある。

食文化に関していえば、「人類は料理をする動物である」、「人類は共食する動物である」というのが、わたしのつくったテーゼである。

料理については自明のことなので省略し、共食について説明しよう。親鳥が巣立つまえの雛鳥に餌を運んで食べさせることが知られている。しかし、動物は成長したら、原則として一頭一頭、一羽一羽が餌をさがし、個体単位に食事をする。しかし、人類の食事の原則は、食べ物をわかちあって食べることにあり、共食の基本的単位集団が家族である。もちろん、単身赴任者の外食など、個体単位で完結する人間の食事もあるが。

ここで、わたしの昼飯について紹介しよう。

家に一日中ごろごろしていたら、粗大ゴミあつかいになるので、わたしは個人的な事務所を開設し、そこに毎日出勤する。昼食は一人っきりの外食である。コミュニケーション相手のいない外食が数日続くと、わたしは「遠足」に出かけることにしている。コンビニ弁当と、ワインのミニチュア瓶、あるいは缶ビールを買って、自転車で三〇分ほどの河原や公園にいって、一杯やりながら昼食をとるのが、わたしの遠足である。

このとき、弁当の米飯を小鳥におすそわけする。はじめは警戒していたスズメが寄ってきて、つつきはじめる。そのうちハトの群れもやってくる。警戒心のつよいカラスは、わたしが立ち去ったあとの残飯整理係である。このように、小鳥とわたしが共食するのが、遠足である。

一人暮らしの老人も、ときには遠足に出かけ、小鳥や自然と対話しながら、食事をすることをおすすめしたい。

21

B-1グランプリ

二〇一二年一〇月、第七回「B―1グランプリ」が、北九州市小倉でおこなわれた。酪酊先生は、毎年一度開催されるこの行事の役員をつとめているので、第一回から皆出席である。二日間の会期中、昼間は会場で出展された各地の郷土料理を一日に一〇種類くらい試食する。食いしん坊の酪酊のこととて、夜は開催地の名物料理を食べに出かけるのが常である。今回も帰宅してから体重計にのると、一・五キロ肥っていた。

「B―1グランプリ」の正式名称は、「B級ご当地グルメの祭典!(現 ご当地グルメでまちおこしの祭典!) B―1グランプリ」という。B級グルメというイメージが先行し、全国の安価な食べものを販売することが目的の行事と誤解されることがある。「B級ご当地グルメの祭典」ということばのなかで、いちばん重要なキーワードは「ご当地」である。それぞれの地方で親しまれている自慢の郷土料理を全国に知ってもらうことによって、まちおこしをしようとする趣旨のイベントなのである。「B―1グランプリ」に加盟する地方団体の連合を、アメリカの名門私立大学の連盟である「アイビー・リーグ」をもじって「愛Bリーグ」とよぶ。北九州市での大会には、六三団体が出展した。野外会場にテント張りのブースをつくり、そのなかで地元から運んだ食材で料理し、一食五〇〇円以下の価格で提供する。人気ブースの前には、三〇分から一時間待ちの長い行列ができる。

前頁写真は、大鍋で「八戸せんべい汁」をつくっているところ(筆者撮影)

今回は、過去最多の六一万人の来場者があった。鳥取県の人口よりもおおい人数が、二日間に会場に集まったのである。開催地の地元経済をうるおす効果もおおきい。二〇〇八年の厚木大会では、三二億円の経済効果があったと算出されている。

郷土料理を提供するだけではなく、歌や踊りのパフォーマンスもおこなって、わが町のPRをする。

提供された料理の味やパフォーマンスを評価して、上位三団体に、ゴールドグランプリ、シルバーグランプリ、ブロンズグランプリが授与される。賞牌は塗り箸の名産地である福井県小浜市でつくられた、金色・銀色・銅色の巨大な箸である。賞の審査は、来場者の投票によってきめられる。来場者が料理を食べるのに使用した割り箸を出展団体の名が記された投票箱にいれ、箸の総重量を計量して順位がきまる。

北九州大会での、第一位は南部せんべいを汁にいれた「八戸せんべい汁」を出品した「八戸せんべい汁研究所」、第二位はたれに漬けこんだ豚肉と野菜を焼いた「上対馬とんちゃん」の「対馬とんちゃん部隊」、第三位は焼き豚と目玉焼きをのせた丼物である「今治焼豚玉子飯」の「今治焼豚玉子飯世界普及委員会」であった。

「八戸せんべい汁」は、約二〇〇年前から食べられている伝統料理である。「上対馬とんちゃん」は、戦後まもなく対馬北部で在日韓国人がひろめた料理であるし、「今治焼豚玉子飯」は四〇年前の中華料理店のまかない飯にルーツをもつといわれる。

六三の出展料理を検討してみると、明治以前にルーツをもつ郷土料理はすくない。いちばんおおいのは、焼きそば、焼きうどんで、あわせて二四団体にのぼる。麺類を炒めてつくる料理は、中国料理の炒麺を日本化したことに起源をもつ。

お好み焼き、たこ焼き、ラーメン、餃子、チャンポンなど、広義のコナモンが出展料理の半分以上を占める。また、焼き肉、トンカツ、カレー、コロッケなど、肉を使用した料理もおおい。

そのおおくは、戦後になって普及し、地元ではそれを食べさせる店が数十軒できて、あたらしい郷土料理として定着したものである。

「B―1グランプリ」に参加すると、日本の食文化の活力を実感することができる。

22 最後の晩餐

あまり知られていないことであるが、イエス・キリストは「大食漢で大酒飲み」であったようだ。

新約聖書の『マタイによる福音書』一一章には、「人の子が来て、飲み食いすると、彼らは言う、『見ろ、大飯ぐらいの大酒呑みだ』」と記されている。「人の子」（イエス・キリスト）の飲食を見た「彼ら」（人びと）は、「大食軒酩酊」とおなじであると評したのである。

そんなこともあり、キリスト教徒ではない酩酊先生も、イエスさんの飲食には親近感をいだくようになり、ヨーロッパの教会や美術館へいくと、キリストの食事風景を描いた「最後の晩餐」の絵画をさがすようになった。

ブルガリアの首都ソフィアから、約一〇〇キロ南方に、ユネスコの世界遺産に登録されている「リラ修道院」がある。一〇世紀前半に創立された、ブルガリア正教（東方正教会）の総本山である。ブルガリアがイスラーム教徒のオスマン帝国の支配下にあった時代も、リラ修道院はブルガリア人の信仰の拠点として活動していた。

修道院の中央に位置する聖堂と、それをとりまく回廊の天井や壁面は、主として聖書に題材をとった一〇〇〇点以上のフレスコ画でおおわれている。

「最後の晩餐の絵はあるか?」と、英語で現地のガイドに聞くと、「こっちへ来い」と

前頁写真は、リラ修道院のフレスコ画（筆者撮影）

案内してくれた。

楕円形の食卓をかこんだ会食風景である。写真右端の老人が、イエスさんだろうか？　それにしても、最後の晩餐には一二人のキリストの弟子全員が画かれるのが定法なのに、食事に参加している人数がすくない。

最後の晩餐の献立に欠かすことができないのは、キリストの身体を象徴するパンと、キリストの血を象徴する赤ワインである。テーブル・クロスの上に、引きちぎったパンらしきものが見える。陶器のグラスのなかには赤ワインが入っているのだろうか？

画かれている人物の服装は、キリストが生きていた時代のものとは異なっている。いちばん違和感があるのは、食事に参加した者の前に、ナイフ、フォーク、スプーンが並べられていることである。ヨーロッパで、これらの道具を使用して食事をすることが普及するのは、一八世紀以後のことで、それまでは手づかみで食べていた。有名なレオナルド・ダ・ヴィンチの最後の晩餐の絵には、ナイフが一本登場するだけである。

写真の三つ叉のフォークに注目される。現在の四つ叉のフォークは、スパゲッティを優雅に巻きつけて食べるための道具として、一七七〇年代にナポリの宮廷でつくられたという。

一八三三年の大火災でリラ修道院が一部を除き焼失されたのち再建されたのが、現在の建物である。フレスコ画は、当時のブルガリアの著名な画家たちの作品で、一八四六年に完成したという。風俗史的にいえば、時代考証のおかしな絵である。

ヨーロッパ人は聖書に題材をとった会食風景の絵を見たら、なんでも「最後の晩餐」と決めつけるくせがある。わたしのガイドもそうであって、べつの画題の絵を見せられたのではないかという疑問がのこる。

さて、「お前の最後の晩餐には何を食べたいか?」と、問われたことがある。寿命が尽きるときは、料理をする気力もないだろうし、食欲もないだろうとは思うが、「自分で料理した冷や麦かそうめんを、家族や親しい人たちと一緒に食べたい」と答えたことである。

若い頃に熱帯で仕事をしていた酪酊にとって、冷たい麺類は日本を想いだす郷愁の食であった。また、冷たい麺類のつけ汁をつくるのは、酪酊の得意とするところである。

皆が「うまい!」というのを聞きながら、息をひきとりたい。そのときは、末期の水がわりに、きりっと冷えた清酒を飲みたいものである。

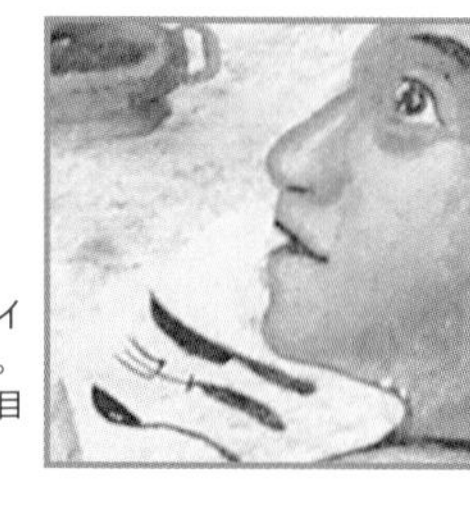

卓上に並べられたナイフ、フォーク、スプーン。三つ叉のフォークに注目(筆者撮影)

23

本場のバイキング料理

酪酊先生の胃袋は領土帝国主義者である。世界中の料理が食べられるのが、現在の日本であるが、現地へいって食べてみないことには、酪酊の胃袋は満足しないのである。

今年の六月には、胃袋の世界地図の空白地帯であったノルウェーとフィンランドをふくむ北欧諸国を周遊する団体旅行に参加した。

北欧諸国は、社会福祉制度や教育制度が充実していることで有名である。そのための費用は国家が負担するので、税金はいちじるしくたかい。スウェーデンの所得税は日本の約二倍だし、食料品の消費税率は一二パーセントだが、ほかの日用品の消費税率は二五パーセントである。

北欧諸国の物価はいちじるしくたかい。旅行者にとっては、外食費がたかくつく地域である。簡単なランチでも日本円にしたら二〇〇〇円以上するし、ちょっとしたレストランで夕食をとると一皿の料理に三〇〇〇~六〇〇〇円支出することを覚悟しなければならない。

酒税がたかいので、食事のさいの酒代もばかにならない。ノルウェーの大衆レストランで、一番安い銘柄のビールを注文したところ、〇・六リットルの瓶が一本約一八〇〇円した。

前頁写真は、スモーガスボードの夕食で、筆者が選んだ料理。ザリガニの冷製、ニシンの酢漬け、ムール貝の煮付け、雄シカのタルタル、レバーペーストなど13品。ほかに熱い料理の皿やデザートを盛った皿もたいらげた（筆者撮影）

食事代がたかいので、北欧の人びとはあまり外食をしないそうだ。安あがりに、北欧の食べものを数多く体験するためにうってつけの食事が、北欧名物のバイキング料理である。

ビュッフェ形式の食事を、バイキングとよぶのは日本だけのことである。その由来は、一九五八（昭和三三）年に帝国ホテルが、スウェーデンのスモーガスボードを模したセルフサービスで食べ放題の食堂を開業し、そのレストランを「インペリアルバイキング」と名づけたからであるという。

バイキングとは中世ヨーロッパに侵攻したスカンジナビアの海賊のことである。開業当時の日本で公開されたアメリカ映画「ヴァイキング」の、船上での豪快な食事シーンからビュッフェ形式の食事を命名したのだそうだ。

スウェーデン語で、「スモーガス」とはパンとバターあるいはオープンサンドイッチを意味し、「ボード」はテーブルなので、「スモーガスボード」は、パンとバター、あるいはオープンサンドイッチを並べたテーブルという合成語である。

スウェーデンの中世のパーティーでは、正式の食事のはじまる前に、テーブルに並べたパンやチーズをつまみながら、蒸留酒であるアクアヴィットを食前酒に飲む習慣があったという。一七世紀になると、温かい料理も供されるようになり、軽食ではなく正式の食事形式となったという。サービスの労がはぶけ、食べ残しのない合理的な食事形式なので、北欧諸国のホテル、レストラン、列車食堂などでよく食べられるようになった。

一九三九年にニューヨークで開催された万国博覧会のスウェーデン・パビリオンのレストランで、スモーガスボードが提供されたことから、この料理が国際的に知られるようになったそうだ。

日本のバイキング料理なら、手当たりしだいに好きな料理を一つの皿に盛ることが許されるが、北欧での正式な食べ方には順序がある。

最初に食べるのは、酢漬けにしたニシンのような冷たい魚料理とされる。つぎに、サケやウナギの燻製、タラコなどの室温で食べる魚料理、三番目にはハムやレバーのパテなどの冷たい肉料理をとり、ついでミートボールなどの熱い料理を味わい、最後に果物やデザートをとるべきだとされる。

この順番に料理の並んだテーブルと客席のあいだを往復し、食べおわった順番に自分のテーブルに皿を重ねておくのが作法であるという。

その間、パンとバター、チーズの皿をかたわらに置いて、パンの上に選んできた料理をのせて食べる。北欧では主食あつかいにされるジャガイモを食べる人もおおい。

肥満体質のわたしにとって、バイキング料理は警戒すべき食事形式である。いくら食べても料金はおなじということに気を許して、食べすぎてしまうのである。

北欧のバイキング専門食堂には、一〇〇種類以上の食べものが並べられている。胃袋の体験のためにという口実で、一度の食事に二〇種類以上の料理を食べる日々が続いた。帰国して体重計にのったところ、八日間で三キロ肥っていた。

IV
冬
Winter

24 サバのヘシコ

福井県小浜市に、「御食国(みけつくに)若狭おばま食文化館」がある。「食のまちづくり」で全国に知られる小浜市が設立した、日本で数少ない公立の食の博物館である。

食文化館では、小浜の食文化を展示するだけではなく、料理や食品つくりを体験できるキッチンスタジオが設備されている。隣接する食事処「濱の四季」では、地元の女性グループがつくる郷土食や、小浜の食材を使って創作された、あたらしい郷土料理を味わうことができる。

若狭に出かけるときには、ぜひとも食文化館へお立ち寄りください。とは、同館の名誉館長をつとめる酩酊先生からの伝言である。

小浜に出かけると、名物の焼きサバ、小鯛の笹漬けのほかに、サバのヘシコを買って帰る。

ヘシコとは、サバ、イワシ、フグなどをヌカ漬けにした食品である。東北、北陸の日本海沿岸でつくられ、「こぬか漬け」、「ぬか漬け」という地域もおおいが、若狭湾から鳥取県にかけての沿岸では「ヘシコ」という。

塩漬けにした魚に米ヌカをまぶし樽詰めし、重石をして、塩漬けにしたとき魚体かららでた塩汁をかけて、夏を越させて半年以上発酵、熟成させると、ヘシコができあがる。魚の漬けもので、長期間保存できる。発酵中に魚肉の蛋白質の一部が分解して、

前頁写真は、サバのヘシコ。丸のままとスライスしたもの（筆者撮影）

ペプチドと遊離アミノ酸が生成され、うま味のつよいグルタミン酸のおおい食品である。

日本海側の食べ物なので、関西でも大阪人はヘシコを知らない人がおおい。しかし、小浜を起点とする鯖街道の終点にあたる京都ではヘシコを食べていた。わたしは、京都ですごした学生時代、居酒屋でヘシコを注文するのであった。たいへん塩辛いので、ヘシコを耳かき一杯分くらいつまんで、お猪口一杯の酒を飲むことができる。貧乏学生には安あがりの酒肴として愛用した。

普通はヌカを取り去り、軽く焼いて食べるのだが、小浜に出かけるようになって知ったのが、ヘシコの刺身である。サバのヘシコを薄切りにして、酒で洗って、そのまま食べるのである。塩辛いなかに、コクのあるうま味が感じられ、日本酒がすすむ。バルサミコ酢とオリーブオイル、好みのハーブを混ぜたソースであえると、ワインのつまみにもなる。酒の肴だけではなく、ヘシコをアンチョビのかわりにパスタ料理に使ってもよい。

タクアンのような野菜のヌカ漬けがあらわれるのは江戸時代になってからである。江戸時代に回転式の籾すり臼が普及し、籾すりをした玄米を精白するようになってから大量の米ヌカが得られるようになって、ヌカ漬けがつくられるようになった。魚のヌカ漬けも江戸時代に普及した食品であろう。わたしは東アジア・東南アジアの魚の発酵食品の調査をしたことがあるが、魚のヌカ漬けをつくるのは日本だけである。小浜には、ヘシコに米飯を混ぜて、あらためて漬けこんでつくるサバのナレズシもある。

わたしがヘシコを食べると、家人に「そんな塩っぱいもんを、食うたらあかん」と、お小言をいわれるのが常であった。

ところが、福井県立大学副学長で水産食品科学工学を専攻する赤羽義章教授（当時）の研究により、ヘシコやナレズシは身体によい食品であることが解明された。ヘシコとナレズシに含まれるペプチドには、血圧を低下させる作用があり、悪玉コレステロールの増加を抑制し、善玉コレステロールを増加させる機能をもつということである（赤羽義章「伝統食の機能性――マサバ発酵食品のヘシコとナレズシを例に」岩田三代編『伝統食の未来』ドメス出版、二〇〇九年）。

おかげで、塩分のとりすぎにならないよう適量を食べたら、ヘシコは健康食品であると、理屈をこねながら食べられるようになったのである。

25

鯛焼きの甘酢あんかけ
四川風

肥満型の体型の大食軒先生の実践しているダイエットは、コーヒー、紅茶に砂糖をいれないことと、甘い菓子類を食べないことだけである。

だが、上方落語ファンの酩酊にとって、気になる甘い食べものがひとつあった。「鯛焼きの甘酢あんかけ四川風」なる料理である。

「ぜんざい公社」という落語は、東京でも上方でも演じられるので、ご存じの方もおおいだろう。

国営のぜんざい屋が誕生し、店員はすべて公務員である。そこに食べにいくと、住所、氏名、生年月日などを記入して、ハンコを押し、証紙をそえた書類を提出して、ようやく、ぜんざいにありつけるという、お役所仕事をからかったストーリーである。公社の提供するぜんざいには汁がない。苦情をいうと、「当方は役所です。甘い汁はさきに吸うてます」というのがサゲである。

明治の初期に、三遊亭円朝が「武士の商法」をからかった「御膳汁粉」という落語を創作し、これが「改良ぜんざい」、「文化しるこ」という噺になり、戦後に桂米朝師匠が「ぜんざい公社」というタイトルにし、「甘い汁」のサゲをつけたのは笑福亭松之助師匠だそうだ。とは、落語作家の小佐田定雄さんの『噺の肴――らくご副食本』（一九九六年、弘文出版）からの受け売りである。

前頁写真は、酩酊先生手作り再現「鯛焼きの甘酢あんかけ四川風」なる料理（筆者撮影）

グルメブームの頃、世相にあわせて小佐田さんが「ぜんざい公社」を改作して、「マキシム・ド・ゼンザイ」という新作落語に仕立てあげた。いまでも、桂雀松さんの十八番として演じられる。

ふかふかの絨毯、シャンデリアのあるデラックスな部屋で、「究極のぜんざい」を食べさせる店の噺である。メニューはフランス語で書かれている。店員が訳して説明する、甘いものずくめの「ディナー・コース」のメニューを紹介してみよう。

こしあんもなかのスフレ風
甘納豆のポタージュ
丹波栗のきんとん
鯛焼きの甘酢あんかけ四川風
飴細工のウグイスに小豆の詰め物、蜂蜜ソース
マンジュウ・ア・ラ・モード
ぜんざい

「丹波栗のきんとん」は九谷焼の小鉢、メインディシュの「ぜんざい」は輪島塗りの器で供される。これに八〇年物の玉露のボトルキープとテーブルチャージ、消費税を

ふくめると、二万八二五〇円支払わなければならない。

桂雀松さんの口演では、「鯛焼きの甘酢あんかけ四川風」を口にして、「中華の象牙の箸で食べるんですね。・・・・けったいな味。こんなん、別々に食べたほうがおいしいと思うねんけどなァ」と述べている。

たしかに、甘い鯛焼きと四川風のソースはミスマッチと思えるが、食べてみたら、案外いけるかもしれないと、ながいあいだ気になっていた。そこで、思いきって試食することにした。

冷凍の鯛焼きを常温にもどし、表面がカリッとするように揚げてみた。赤ピーマンを刻んで四川の辛い調味料である豆板醤をゴマ油で炒め、そこに中華風のスープに醤油、黒酢、砂糖で味つけし、水溶き片栗粉でとろみをつけて、揚げた鯛焼きにかけてみた。

鯛焼きのあんの重厚な甘味を、ゴマ油の香りのする甘辛く酸っぱいソースがやわらげ、さわやかな食感になった。カリッと揚げた鯛焼きの皮と、とろみのあるソースのつくる歯触りがおもしろい。

ミルクでたてた抹茶をそえて食べると、オツな味の料理になった。

そのうち、「鯛焼きの甘酢あんかけ四川風」を名物料理にする「大食軒」を開業しようか。

26

ナガランドのライスビール

「世界各地でレッテルのない酒を、オレほどいろいろ飲んだ奴はいないだろう」というのが、酩酊先生の自慢である。

酒の味ききのプロであるソムリエやバーテンダーは、何百種類もの世界の酒を試飲した体験をもつ。しかし、それらの酒は瓶にレッテルを貼った市販の銘酒である。レッテルのない酒とは、市販を目的とせず、民衆が自家醸造した酒のことである。いいかえるなら、税金を払わないでつくる密造酒である。

酩酊の若い頃は、世界各地の僻地で民族学の現地調査をすることがおおかった。酒屋のない村に滞在するとなると、村人がつくった地酒を飲むことになる。タンザニアの奥地の村で長期調査をおこなったときは、村でいちばんの酒つくりの名人の家に下宿をして、トウモロコシを発芽させてつくるドブロクを飲んでいた。

酒に意地汚い酩酊のことである。アフリカの蜂蜜酒、バナナ酒、モンゴルの馬乳酒、東南アジアのヤシ酒など、数えきれないほどの多種類のレッテルのない酒を飲んできたのである。

今回は、ナガランドで飲んだライスビールの談義をしてみよう。

本号（「vesta」八五号）掲載の「伝統的酒造法の類型と分布」で述べたように、酒は糖分のある材料を発酵してつくられる。果実、蜂蜜、樹液、乳のように糖分を含む

前頁写真は、ナガランドの家畜であるミトン牛の角杯と竹筒の酒杯。アンガミ・ナガ族（筆者撮影）

原料をもちいる場合は、発酵に適当な条件をととのえたら、比較的簡単に酒ができる。穀類やイモ類の澱粉のおおい原料から酒をつくる場合は、澱粉を糖に分解する操作が必要である。そのためには、澱粉の分解酵素を含む物質を加えて、澱粉を糖に変えなくてはならない。

その方法には、①唾液の酵素をもちいる口噛み酒(くちかざけ)、②種子の発芽のさいに生成される酵素を利用するモヤシ酒、③カビが生成する酵素を利用するカビ酒の三方法がある。

現在のユーラシア大陸では口噛み酒は消滅してしまった。インドより西方がモヤシ酒、東方がカビ酒の伝統的な分布域となっている。

モヤシ酒の代表は、オオムギに吸水させて発芽させた麦芽(モルト)でつくるビールである。先述したようにアフリカでは雑穀やトウモロコシを発芽させてつくる酒もある。東南アジアや東アジアでは、さまざまなカビ(コウジ)を穀物に培養して酒つくりをする、カビ酒地帯である。

インド東部のナガランド州で短期間の調査をおこなった。酒を飲まないヒンドゥー教徒のおおいインドのなかで、東南アジア系の民族が人口の大半を占めるナガランドのことである。飲酒は非合法とされているが、民家ではコメを原料とする自家醸造の酒をつくっている。

その酒造法には、コメの粉を練ってカビを生やしたコウジをもちいる方法と、稲籾のモヤシからつくる稲芽酒＝ライスビールの二つがある。

稲芽酒つくりには、モチ米の稲籾を三日ほど水に漬け、水切りをしてから壺にいれて発芽させる。二〜三センチ稲芽がのびた稲籾を乾燥させて保存しておく。酒造のときは、稲芽を粉にして、モチ米の粉でつくった粥に混ぜて、夏なら二〜三日、冬は一週間置くと飲み頃になる。写真にしめした竹筒や、ミトン牛の角でつくった酒杯をもちいて飲む。

白色で泡立ち、ほのかな甘味のする、カルピスのようなさわやかな味であると、わたしのフィールドノートには感想が記されている。

この調査に同行した故吉田集而（よしだしゅうじ）さんは、カビ酒の起源についての新説を発表している。西方起源のモヤシ酒の製法が東方に伝わり、高温湿潤の稲作地帯で稲籾酒をつくろうとするとカビが生えてしまうことがある。そのカビの糖化力を積極的に利用するようになったのがカビ酒であるというのである（吉田集而『東方アジアの酒の起源』ドメス出版、一九九三年）。

27

せんべい談

関東育ちの酩酊先生が、関西に住むようになって、とまどったことのひとつに、「せんべい」のちがいがある。関東でせんべいといったら、ウルチ米の粉を円盤状に加工して乾燥させ、醤油をつけて焼いた塩せんべいのことである。醤油の町である千葉県野田市で少年時代をすごした酩酊にとって、せんべいとは醤油のこげた香りがする干菓子であるべきであった。

ところが、関西でいうせんべいは、水溶きしたコムギ粉に甘味を加えて焼いた「瓦せんべい」のことである。京都名物の八ツ橋も、せんべいの一種とされ、関東でいうせんべいは、「おかき」の部類とされる。「欠き餅」に語源をもつとされるおかきにはさまざまな形状があり、「あられ」のように小形の製品もおかきといわれる。関東のせんべいがウルチ米であるのにたいして、おかきはモチ米を原料とする。

漢字で「煎餅」（チェンビン）と表記するので、モチ米でつくるおかきのほうが、漢字の意味を正しくあらわしていると思われるかもしれない。しかし、モチ米を搗いてつくる食品を「餅」という文字でしめすのは、日本独特の用法である。日本の「モチ」にあたる食品を、中国語では「年糕・粘糕」（ニェンガオ）と表記する。

さらに、ややこしい漢字の詮索をしてみよう。中国で「麺」（ミェン）という文字は、日本でいう麺類ではなく、コムギ粉のことである。コムギ粉を紐状にのばした日本で

前頁写真は、中国杭州市の煎餅店。スープの素をふりかけているところ。その脇にあるのは二つ折りにしたもの（筆者撮影）

いう麺類は「麺条」（ミェンチャオ）という。「餅」（ピン、ビン）とは、コムギ粉食品の総称である。

「煎」（ジェン）という文字は、漢方薬を煎じるのではなく、鉄板や鍋底に食物を置いて焼くことを意味する。したがって、中国で煎餅といったら、コムギ粉に水を加えてのばし、鉄板で焼いた食品のことである。中国古典での煎餅という文字の初出は、『荊楚歳時記』（六世紀ごろ）にもとめられる。

中国の唐代における煎餅のつくりかたを、弘法大師が伝えたという説がある。それは、物事のはじまりを、なんでも弘法大師に起源するという大師説話のひとつとして解釈しておこう。

空海が唐から帰国する以前の天平九（七三七）年の『但馬国正税帳』のなかに、煎餅の文字があらわれ、そこには別筆で伊利毛知比ということばが書きくわえられている。煎餅を大和ことばで「いりもちひ＝煎り餅」と表現したのであろう。一〇世紀前半に成立した『和名類聚抄』には、「煎餅という文字のしめすように、コムギ粉を油で熬ったものである」といった意味の説明がなされている。

江戸時代中頃までは、せんべいはコムギ粉を原料とする食品であった。江戸の市街にもコムギ粉のせんべいを売る店や露店があり、大田南畝が「まんじゅうせんべいはあまいもの」と記しているように、甘味のする瓦せんべいが主流であった。
慶長八（一六〇三）年に日本イエズス会が刊行した『日葡辞書』の邦訳版に「Xenbei 米を原料とした一種の聖体パンに似たもの」とあるので、江戸時代初期にはコメのせんべいもあった。おそらく幕末頃に、関東の濃口醬油をコメせんべいに塗って焼くことが流行し、塩せんべいが関東地方に普及したのであろう。

日本のせんべいが干菓子であるのにたいして、現代中国のチェンビンは焼きたてを食べるクレープ状の軽食である。写真は浙江省杭州市の店で撮影したものである。麺棒で三〇センチメートル四方にのばしたコムギの練り粉を、油を引いた鉄板にのせ、生タマゴ、ニラと搾菜（ザーツァイ）のみじん切りを塗り、インスタントスープの素をふりかけて、軽く焼いてから、封筒状に折りたたんで供する。出勤途中の露店でチエンビンを食べて朝食とする人もおおい。

28 イラン断酒旅行

「ペルシャ歴史紀行」という団体旅行に参加した。イラン各地をバスでまわり、古代ペルシャ帝国やゾロアスター教の遺跡を見学する旅であった。三食とも現地食で、ペルシャ料理を体験できるツアーであった。

かつて、イランはペルシャといわれていた。古代ペルシャ帝国は、中央アジアからエジプトまで支配下に置いていた。そこで、ペルシャ料理は、中近東から北アフリカにかけてのアラブ料理や、トルコ料理におおきな影響をあたえてきた。

この旅行に出かけたのは大食軒だけであり、酪酊先生は参加しなかった。そのわけは、のちほど説明することにする。

写真はイランの国民食とされるチェロ・キャバーブである。キャバーブは、下味をつけた肉をおおきな金属の串に刺して焼いたカバブ（ケバブ）のことである。チェロは米飯なので、「カバブご飯」とでもいうべき料理である。

イラン料理にはさまざまな種類のカバブがあるが、「カバブご飯」には、四角に切った羊肉のカバブか、挽肉を串に巻いて焼いたカバブを供することがおおい。写真は、牛肉ミンチを串焼きにしてから、串を抜いて皿に置いたもので、焼きトマトがそえられている。白い米飯のうえに、サフランで黄色く染めた米飯が一つまみ載せられている。米粒の形に注目されたい。まるで、ソウメンを刻んだように細長い形状をしてい

前頁写真は、チェロ・キャバーブ（筆者撮影）

るのが、カスピ海周辺で栽培されるインディカ種のイラン米である。日本のご飯のような粘り気はなく、サラサラとした食感で、米粒の一粒ずつが独立している。

イランの炊飯法について具体的に説明する紙数がないので省略するが、わたしが世界各地で食べたインディカ種の米料理でいちばんおいしかったのが、イランである。混ぜものなしで炊いた飯をチェロというのにたいして、肉や野菜をいれて炊いた米料理をポロという。ペルシャ語のポロが、ピラフの語源になったという説もある。

スパイスを多用する西アジアや中近東の料理のなかで、ペルシャ料理では強烈な香辛料で食材の持ち味をおおいかくすことをせず、パセリ、イノンド、コリアンダー、ミント、クレソンなどの新鮮なハーブ類をふんだんに使うのが特色である。米をよく食べ、持ち味を生かすペルシャ料理は日本人の口にあう。

だが、わたしはペルシャ料理を満喫したというわけではない。わたしが食事を楽しむために欠かすことができない、大事なものが欠落していたのである。現代のイランは禁酒国である。

戒律のゆるやかなシーア派のイスラーム教が主流であったので、伝統的なペルシャ文明は飲酒にたいして寛容であった。オマール・ハイヤムは、ペルシャ文学の傑作といわれる詩集『ルバイヤード』で、酒をたたえる詩をいくつも残している。革命前の首都テヘランには、バーやキャバレーがたくさんあり、イラン人も出入りしていた。

一九七九年にホメイニ師が主導した革命のあと、イランは酒を禁じるイスラーム法を厳格にまもる国家となった。現在のイランの法律では、アルコール類を、「もつこと」、「飲むこと」、「つくること」が禁止されている。外国人にも適用され、イラン入国時に酒をもっていたら即没収されるし、外国人の宿泊する高級ホテルでも飲酒はできない。酒を飲んだことが判明したら、警察の留置所に放りこまれる。

酒の味を忘れられない人のために、街のレストランには、ノンアルコールビールの瓶や缶を置いてある。コーヒー味、ザクロ味、レモン味、ラズベリー味など、日本ではお目にかからないイラン産のノンアルコールビールが生産されている。

いくら飲んでも酔わないビールで食事をするので、酩酊先生の出番がない一〇日間のイラン旅行であった。

イラン産のノンアルコールビール（筆者撮影）

29

歯茎で味わう

不精者の酩酊先生のことである。朝食後に一日一回の歯磨きをするだけである。それでも歯は丈夫で、一本も抜けたことがなく、上下あわせて二八本の永久歯が全部自分の歯で、固い煎餅でもパリパリ噛むことができる。

歯が丈夫なので、七七歳の現在でも大食軒の名に恥じずに、なんでも食べることができる。

しかし、味覚と嗅覚には衰えを感じるようになったこの頃である。わたしがつくった料理は、自分にとってはちょうどよい味つけなのに、「味が濃すぎるし、香辛料がききすぎている」と、家人から小言をいわれるようになった。

加齢にくわえて、半世紀以上におよぶ喫煙歴で味と香りの刺激に鈍感になり、つよい味つけをするようになったのである。

だが、老年になって知った、味わいかたもある。それは、歯茎で味わうことである。

二年ほど前、なかなか噛みきれない食べものを、ぎゅっと食いちぎろうとすると、歯肉に痛みを覚えるようになった。また、歯と歯のあいだに隙間ができ、そこに食べものがはさまるようになった。

歯科医に診てもらうと、歯周病にかかっているという。歯の表面に歯石がつき、歯

前頁写真は、石毛研究室の酒置き場。背後の黒色の家具はワインセラー（筆者撮影）

石の細菌が歯周病をおこすのだという。そこで歯肉に炎症がおきて、歯がグラグラしたり、歯と歯のあいだに隙間があいたのだ。

しばらく治療に通って歯周病は完治した。しかし、歯茎の隙間はふさがらず、食事をすると食べかすが詰まるので、つま楊枝を使用しなければならない。それまでは、食後につま楊枝で歯間をせせる人を「カッコワルイな!」と観察していたのだが、わが身のこととなったのである。

だが、わるいことばかりではない。酒を歯茎の隙間を通して口腔に流しこむという、あたらしい酒の飲みかたができるようになったのである。

味を感知する味蕾(みらい)は舌に分布し、歯や歯肉にはない。歯肉が感じるのは温度や刺激である。

酒を一気に口腔に流しこむことをせず、まず、歯と唇のあいだに貯めてから、歯茎の隙間を通して、すこしずつ舌の上に流しこむ。

すると、まず感じるのは、酒の温度と刺激である。ビールや炭酸割りのカクテルなどは、歯肉にさわやかな刺激を感じさせる。ワインとスパークリングワインを飲みくらべると、刺激感のちがいがよくわかる。おなじ瓶の酒でも、冷たい状態で飲むのと、常温で飲むのとでは、歯肉での感じがまるっきりちがう。

歯肉での刺激感を確かめたあと、歯茎の隙間から、少量の酒を舌に移動させて、口腔内でひろがると、適度に香りをふくんだ空気が鼻腔に移動する。また、酒を歯茎のあいだから、すこしずつ舌に移動させると、一気飲みではわからない微妙な味がわかるような気がする。

一口分の酒を一度に舌のうえに流しこむ、いままでの飲みかたではわからなかった酒の味を楽しむようになったのである。それが生理学的に正しいことかどうかはべつとして、わたしにとっては、酒のあたらしい飲みかたを発見したのである。

酒以外でも試してみると、熱いスープを歯茎を通して飲むことはできないが、適度にさめた煮物の汁などのあたらしい味わいかたを楽しんでいる。

写真にしめしたように、石毛研究室と称する仕事場には、さまざまな種類の酒瓶が常置してある。飲酒は午後五時以後ということにしてあるのだが、午後に酒を飲む友人が訪れたときにには、腕時計の針を早回しして、飲酒解禁の時間になったことにして、酒盛りをすることがしばしばある。

そんなとき、つぎつぎと酒をかえて、種類のちがう酒の歯茎を通じての刺激を比較する飲みかたを楽しむようになった。

しかし、歯と唇のあいだをふくらませてクチュクチュさせながらチャンポンに酒を飲む、現在のわたしの飲みかたは品がない酒癖といわれそうだ。

30

雑煮

現代日本の家庭料理のなかで、郷土料理の地域差をいちばん反映しているのが、正月の雑煮である。「あなたは、どんな雑煮を食べていますか?」とたずねたら、その人の出身地がわかるという。ところが、白味噌仕立ての京風雑煮と、澄まし汁の東京風雑煮の二種類を食べるのが、酪酊家の正月の習わしである。そのわけはのちほど説明する。

稲作民族である日本人にとって、餅は神聖な食べものであった。家庭でいちばん重要な年中行事である正月に鏡餅を飾るのは、それが神が宿る食べものとされたからであろう。

神社の神鏡は神の依代（よりしろ）である。参拝者が柏手（かしわで）をうつと、神が神鏡に宿り、願いを聞いてくれるのである。近代にガラスの鏡が普及する以前、日本の鏡は金属製の円盤形のものであった。

鏡餅は正月に家庭を訪れる年神（歳神）さまの依代であり、門松は年神を家に案内するための道しるべである。人びとが手をあわせる鏡餅に宿る年神は、稲の穀霊（こくれい）であるといわれる。

あたらしい年の稲の豊作を祈って、鏡餅を飾るようになったのであろう。また、正月を迎えて数え年で一歳年長になった人びとに良運を授けてくれる神としての性格も、

前頁写真は、酪酊家の雑煮。左は丸餅と親芋をいれた京風の白味噌仕立て、右は焼いた角餅と鶏肉、小松菜、鳴門巻などをいれた澄まし汁仕立ての東京風雑煮（筆者撮影）

年神に付加されるようになった。

いまでは、お年玉といえば、子どもに与える正月のこづかいということになっている。むかしは、鏡餅を小さくした丸餅を、お年玉とか、年の餅といった。これを神棚に供えたあと、食べさせて、年神の霊力を身につけて、一年の幸せを願ったのがお年玉の起源であるという。

『源氏物語』に、鏡餅を食べて歯固めをすることが記されていることからわかるように、正月に餅を食べるのは古代からおこなわれていた。

しかし、調べてみると、正月に雑煮を食べるのは案外あたらしい習慣のようである。雑煮の起源については諸説あるが、文献記録にのこるのは室町時代からである。それは上級武士や公家の正式の宴会料理の献立にあらわれる。

式三献（しきさんこん）といって、儀礼的に冷や酒を三度飲むことから宴会ははじまるが、初献の酒のさかなに雑煮（烹雑（ほうぞう）ともいう）が供されたのである。雑煮で酒を飲むことは、正月の食事の最初に、お屠蘇と雑煮がだされることにひきつがれる。

京都の吉田神社の神職の日記に、一三六四年の正月に「雑煮御酒」とでてくるのが、正月に雑煮を食べたことの初出である。一七世紀になると、京・大坂の町衆が正月に雑煮を食べるようになり、上方から雑煮が全国に普及する。

臼をもたない江戸の長屋住まいの民衆が雑煮で正月を祝えるようになったのは、年末になると賃餅屋が町をまわって、餅搗きをしてくれるようになってからのことらしい。餅屋は丸餅をつくっていては手間暇がかかるので、のし餅をつくった。これを四角に切った角餅を焼いて雑煮にいれたのである。江戸の民衆は、古くは味噌雑煮を食べていたが、醬油が普及すると澄まし仕立てに変化し、明治時代になると、鴨肉、鶏肉が雑煮にいれられるようになった。

現在にうけつがれる全国各地の雑煮文化が確立したのは、江戸時代以後のことである。角餅か丸餅か、味噌仕立てか澄まし仕立てか、使用するだしの種類、具に使用する地方特産の野菜や魚介類の種類のちがいによって、全国には数百種の雑煮があると考えられる。行事食なので、おなじ地域の家庭では、おなじ雑煮が食べられてきた。しかし、地域をこえた人びとの交流がさかんになった現代では、雑煮文化が変貌しつつある。

その例が、わが家の雑煮である。わたしは二〇歳まで東京近郊に住み、それ以後は京都・大阪に居住している。妻は京都育ちである。そこで、元旦には妻のつくった京風雑煮を食べ、二日と三日は東京風の雑煮をわたしがつくるのである。

＊本書籍は、公益財団法人 味の素食の文化センターが企画・編集・発行する食文化誌『vesta（ヴェスタ）』に、二〇〇八年から二〇一六年に掲載されたコラムに加筆・修正をしたものです。以下に、各コラムの『vesta』掲載号を記します。

Ⅰ●春

1 羊羹の海苔巻（二〇〇八年七月、七一号）
2 ウルシを食べる（二〇一〇年四月、七八号）
3 花見のご馳走（二〇一〇年七月、七九号）
4 サソリを食う（二〇一二年四月、八六号）
5 日本酒の海外進出（二〇一四年四月、九四号）
6 セビチェ（二〇一五年四月、九八号）
7 庖丁式（二〇一五年一〇月、一〇〇号）
8 病院食のミシュランを（二〇〇八年一〇月、七二号）

Ⅱ●夏

9 梅酒自慢（二〇〇九年七月、七五号）
10 ジャガイモのソーセージ（二〇一〇年一月、七七号）
11 象鼻杯（二〇一〇年一〇月、八〇号）
12 食事時間（二〇一二年七月、八七号）
13 モルディブ・フィッシュ（二〇一三年七月、九一号）
14 お子さまランチ（二〇一四年七月、九五号）
15 冷やし中華（二〇一五年七月、九九号）
16 ウクライナのサーロ（二〇〇九年一月、七三号）

Ⅲ●秋

17 豆腐ピザ（二〇〇九年一〇月、七六号）
18 エスカルゴ（二〇一一年四月、八二号）
19 酒育談義（二〇一一年一〇月、八四号）
20 小鳥との共食（二〇一二年一〇月、八八号）
21 B－1グランプリ（二〇一三年四月、九〇号）
22 最後の晩餐（二〇一三年一〇月、九二号）
23 本場のバイキング料理（二〇一四年一〇月、九六号）

Ⅳ●冬

24 サバのヘシコ（二〇一一年一月、八一号）
25 鯛焼きの甘酢あんかけ四川風（二〇一一年七月、八三号）
26 ナガランドのライスビール（二〇一二年一月、八五号）
27 せんべい談（二〇一三年、一月、八九号）
28 イラン断酒旅行（二〇一四年一月、九三号）
29 歯茎で味わう（二〇一五年一月、九七号）
30 雑煮（二〇一六年一月、一〇一号）

あとがき

「公益財団法人 味の素食の文化センター」が刊行する『vesta』という季刊誌がある。ヴェスタとはローマ神話でカマドの女神をしめすことばである。このことからわかるように、『vesta』は食文化に関する情報の専門誌である。

専門誌といっても、堅苦しい論考が掲載されている学術誌ではないし、おいしい料理を紹介するグルメ情報誌でもない。一般の読者が楽しく読んで、日本や世界の食文化を理解することができる雑誌である。

わたしは一九八九年の創刊号に小論を掲載して以来、この雑誌に執筆することがおおかった。二〇〇八年刊行の第七一号からは「大食軒酩酊の食文化」というエッセイを連載することとなり、現在も続いている。

「大食軒酩酊」、すなわち「大食いの酔っぱらい」という、わたしの称号の由来については、本書の巻頭エッセイ「羊羹の海苔巻」を参照されたい。

空襲で自宅を二度焼かれ、第二次大戦の戦後を飢餓状態ですごしたわたしは、大食いになってしまった。また、少年時代に父親の酒瓶から盗み酒をして、酒の味を覚えたわたしは大酒飲みになった。そんな自分を正当化するために飲食文化の研究をはじめ、「大食軒酩酊」といわれるようになったのである。

印刷物で見知らぬ料理を理解してもらうには、白黒写真ではなく、材料やソースなどの色が再現できるカラー写真を使用すべきであるというのが、わたしの持論である。『vesta』と本書に再録されているカラー写真は、自分で撮影したものである。料理好きのわたしのことである。『vesta』掲載のために、自分で料理をつくって撮影したものもおおい。

本書には、二〇〇八年七月刊行の『vesta』七一号から二〇一六年一月刊行の一〇一号までの三〇作品を、春夏秋冬の四章に分類して収録した。

その後の作品を知りたい方は、『vesta』をご覧いただくか、もしくはコンピューターで「味の素食の文化センター　石毛直道食文化アーカイブス」にアクセスしていただいたら読むことができます。

石毛直道

二〇二〇年五月

〈著者略歴〉
石毛直道（いしげ・なおみち）
民族学者。1937年千葉県生まれ。京都大学文学部卒業。甲南大学助教授、国立民族学博物館教授・館長を経て、同館名誉教授、総合研究大学院大学名誉教授。専門は文化人類学（食文化、比較文化）、農学博士。
主な著書に、『食生活を探検する』（文藝春秋、1969年）、『住居空間の人類学』（鹿島出版会、1971年）、『リビア砂漠探検記』（講談社、1973年）、『麺の文化史』（講談社学術文庫、2006年）、『石毛直道自選著作集』全12巻（ドメス出版、2011-2013年）、『日本の食文化史』（岩波書店、2015年）、『座右の銘はない』（日本経済新聞出版社、2019年）など多数。

大食軒酩酊の食文化 第1集

2020年6月27日 初版第1刷発行

著　者　石毛直道
発行者　阿部黄瀬
発行所　株式会社 教育評論社
〒103-0001
東京都中央区日本橋小伝馬町1-5 PMO日本橋江戸通
Tel. 03-3664-5851
Fax. 03-3664-5816
http://www.kyohyo.co.jp
印刷製本　萩原印刷株式会社

定価はカバーに表示してあります。
落丁本・乱丁本はお取り替え致します。
本書の無断複写（コピー）・転載は、著作権上での例外を除き、禁じられています。

©Naomichi Ishige 2020 Printed in Japan
ISBN 978-4-86624-028-2